RAPPORT

LES QUESTIONS ETHNOGRAPHIQUES

ET ANTHROPOLOGIQUES

AU CONGRÈS DE PESTH.

RAPPORT

LES QUESTIONS ETHNOGRAPHIQUES

ET ANTHROPOLOGIQUES

AU CONGRÈS DE PESTH,

PAR

LE Dr E. MAGITOT,

SECRÉTAIRE GÉNÉRAL ADJOINT DE LA SOCIÉTÉ D'ANTHROPOLOGIE DE PARIS,
CHARGÉ DE MISSION AU CONGRÈS DE PESTH,
LAURÉAT DE L'INSTITUT, ETC.

EXTRAIT DES ARCHIVES DES MISSIONS SCIENTIFIQUES ET LITTÉRAIRES.

TROISIÈME SÉRIE. TOME CINQUIÈME.

PARIS.

IMPRIMERIE NATIONALE.

M DCCC LXXXVIII

RAPPORT

SUR

LES QUESTIONS ETHNOGRAPHIQUES

ET ANTHROPOLOGIQUES

AU CONGRÈS DE PESTH.

Monsieur le Ministre,

Vous m'avez chargé, en qualité de délégué officiel du Ministère de l'instruction publique, de me rendre à Pesth avec la mission d'assister à la huitième session du congrès international d'anthropologie et d'archéologie préhistoriques qui devait se tenir dans cette ville au mois de septembre de cette année (1876).

Conformément à vos instructions, je me suis rendu en Hongrie à l'époque indiquée, pour suivre les séances de la session et prendre part aux excursions et aux fouilles qui devaient être préparées et dirigées sur divers points du pays par le comité d'organisation.

Je vais donc avoir l'honneur de vous rendre compte succinctement des observations et des études auxquelles je me suis livré pendant mon séjour en Hongrie.

Ce travail comprendra, d'une part, l'analyse sommaire des communications anthropologiques présentées au congrès, et, d'autre part, le résultat de quelques études personnelles sur des points particuliers que mon séjour en Hongrie m'a fourni l'occasion d'elucider. Parmi ces derniers, je citerai le problème de l'existence de l'homme à l'époque tertiaire.

Le programme des travaux du congrès de Pesth se composait, de même que celui des sessions antérieures, de questions relatives soit à l'archéologie, soit à l'anthropologie préhistoriques, deux sciences assurément connexes et solidaires, mais aujourd'hui parfaitement séparables, grâce à l'extension considérable qu'elles ont acquise et aux limites de plus en plus précises qu'elles présentent. Or la présence, parmi les membres français du congrès, du savant directeur de notre musée national de Saint-Germain [1], également délégué de votre Ministère, m'a permis de limiter le champ de mes études personnelles à un domaine relativement restreint, celui de l'*anthropologie* proprement dite. Je laisserai donc à l'appréciation d'un juge si autorisé tout l'ensemble des questions archéologiques.

Le comité d'organisation du congrès de Pesth avait rédigé, suivant la tradition léguée par les sessions précédentes, un programme de questions proposées d'avance. Elles comprenaient, d'après la méthode habituelle, les problèmes relatifs :

1° Aux « traces les plus anciennes de l'homme en Hongrie » ;

2° Aux « caractères des âges de la pierre dans les pays orientaux de l'Europe » ;

3° A l'« âge du bronze » ;

4° A l'« existence d'une période spéciale du *cuivre* » ;

5° Aux « formes anatomiques et ethniques des crânes trouvés en Hongrie » ;

6° Enfin, à « certaines conditions des sépultures et des fortifications élevées, soit dans la période préhistorique, soit aux premiers temps des invasions des barbares et de l'occupation romaine ».

C'est de ce programme ainsi posé que j'ai détaché les questions relatives à l'ethnographie et à l'anthropologie proprement dites, les seules, ainsi que je l'ai dit, qui doivent m'occuper dans ce travail.

Jusqu'à l'époque du congrès de Pesth, on considérait le bassin du Danube comme ne présentant aucune trace d'une civilisation humaine correspondant aux époques dites paléolithiques et néolithiques, c'est-à-dire à celles de la pierre taillée et de la pierre polie. La Hongrie n'apparaissait dans le temps qu'à l'âge des métaux,

[1] M. Alexandre Bertrand.

dont l'industrie paraissait avoir acquis chez elle une certaine perfection et une importance particulière.

Cette période aurait même été rapidement suivie de l'apparition des civilisations romaines, c'est-à-dire des premières phases historiques.

Telle était l'opinion générale, lorsqu'une communication du comte Wurmbrand vint révéler des probabilités, sinon des certitudes à l'égard d'un âge quaternaire dans les régions danubiennes. C'est à Solovitz et à Reidelberg en particulier que cet explorateur a trouvé des silex travaillés au milieu de couches noirâtres et mêlés à du charbon et à des ossements de mammouth, de rhinocéros et de renne. Les silex recueillis pendant une année de recherches sont au nombre d'une trentaine environ. Ils ont été présentés comme portant la trace évidente du travail humain, mais cette conviction ne paraît pas avoir été partagée par les membres du congrès, car, d'une part, les tailles n'ont pas semblé absolument caractéristiques, et, d'autre part, on a admis la possibilité de certains remaniements dans les couches de Loess qui contenaient ces débris, remaniements qui auraient pu déplacer les vestiges d'un âge notablement plus récent et dès lors étranger aux points où ils auraient été rencontrés.

En effet, les glaciers qui couvraient les Alpes et qui s'étendaient sur la plus grande partie du pays, sauf peut-être quelques vallées des fleuves, ne permettaient pas à l'homme d'habiter les cavernes qui s'y rencontrent. Ainsi, dans la haute Carinthie et dans la Styrie, où l'on retrouve la trace de deux périodes glacières, les cavernes ne recèlent aucune preuve de l'existence de l'homme durant ces périodes. Dans la Moravie et la Gallicie, au contraire, on rencontre des ossements humains mêlés à des silex taillés et à des ossements de renne, et plus on s'éloigne du massif des Alpes, plus on a de chances de découvrir les traces de l'homme quaternaire.

La Hongrie a donc été vraisemblablement, et au moins dans sa plus grande partie, complétement inhabitée à l'époque ou des régions plus accessibles au développement humain se trouvaient en possession des civilisations paléolithiques et néolithiques; mais dès qu'apparurent dans l'Europe orientale les premières importations métallurgiques, la région du Danube les reçut l'une des premières. Puis, aussitôt que s'établit cette ère de civilisation nouvelle,

elle prit un développement puissant et général qu'attestent les innombrables gisements de bronze et de fer que récèle le sol.

Quoi qu'il en soit et pour rester dans le domaine des faits démontrés, il est évident que les premiers groupes humains qui ont peuplé la Hongrie étaient déjà en possession des métaux à une époque relativement précoce, pendant laquelle la plus grande partie de l'Europe était encore bornée à l'industrie de la pierre.

Les pays danubiens figurent ainsi dans la science préhistorique comme représentant une époque spéciale de développement industriel, et il semble résulter des recherches récentes que ces régions échappent à cette loi qu'on a tenté d'établir de la succession fatale des âges préhistoriques.

Nous avons déjà enregistré un fait analogue au dernier congrès de Stockholm, au sujet des civilisations primitives du Nord, et il s'est trouvé démontré que la Scandinavie n'avait reçu du continent sa première industrie qu'à une période relativement avancée, celle de la pierre polie ou l'âge néolithique.

Les conséquences générales qui se dégagent de l'ensemble des recherches patiemment et savamment rassemblées jusqu'à ce jour par la science moderne peuvent donc se formuler de la manière suivante, au moins en ce qui concerne l'Europe :

1° Pendant les premiers âges de l'humanité, les différents points de l'Europe, tout en présentant un mode d'évolution similaire, n'offrent ni parallélisme ni synchronisme dans les civilisations préhistoriques.

2° Dans certaines régions isolées, on reconnaît la coexistence de certaines civilisations distinctes, comme par exemple la présence simultanée dans le Nord (Danemark) de l'âge néolithique et du bronze, dans l'Europe orientale (Hongrie) celle du bronze et du fer.

Nous n'étendrons pas plus loin ces considérations, qui nous détourneraient du but réel de ce travail consacré spécialement à l'examen des questions soulevées au congrès de Pesth.

Ces questions, envisagées, ainsi que nous l'avons établi, au point de vue de l'anthropologie isolément, peuvent être divisées en deux séries :

1° Questions d'anthropologie générale;
2° Questions d'anthropologie spéciale.

La première section comprend les documents qui intéressent l'histoire générale de l'homme aux temps préhistoriques sans distinction de localités ou de gisements spéciaux. Elle se subdivise de la manière suivante :

A. De l'existence de l'homme à l'époque tertiaire ;
B. De la pratique des déformations artificielles du crâne ;
C. De la trépanation du crâne aux temps préhistoriques ;
D. Du mécanisme des migrations en général.

La seconde catégorie, en rapport avec certains problèmes particuliers soulevés à Pesth, renferme les questions suivantes :

A. De l'origine de la race blonde et de la race brune en Allemagne ;
B. De l'ethnographie de la Hongrie ;
C. Questions diverses.

C'est dans cet ordre que nous exposerons les différents sujets discutés au congrès. Nous aborderons ainsi les principales communications, celles que nous avons cru devoir analyser dans ce compte rendu. Nous dirons ensuite quelques mots en terminant d'un certain nombre d'autres questions moins bien définies ou moins importantes, tant au point de vue de leur certitude qu'à celui de leur portée et de leur caractère.

PREMIÈRE SÉRIE.

QUESTIONS D'ANTHROPOLOGIE GÉNÉRALE.

———

A

DE L'HOMME TERTIAIRE.

(Planche I.)

La démonstration de l'existence de l'homme quaternaire, c'est-à-dire de l'homme contemporain de la dernière faune éteinte, de l'homme fossile enfin, est l'une des plus grandes découvertes de

.ce siècle. C'est aussi l'une des gloires de la science française, car elle est due à Boucher de Perthes[1], qui inaugura en 1847 une série de recherches qui vinrent successivement confirmer les travaux du docteur Rigolot, d'Édouard Lartet et Christy, etc. etc. C'est donc un fait complétement acquis à la science, surabondamment établi d'ailleurs, puisque non-seulement on a pu recueillir d'innombrables traces d'industrie humaine, mais les vestiges incontestés du squelette de l'homme lui-même, vestiges dont le crâne de Neanderthal et la mâchoire humaine de la Naulette constituent des pièces parmi les plus célèbres et les plus remarquables.

Toutefois l'investigation scientifique,. après avoir résolu ce premier problème, s'est posé une nouvelle question, plus grave encore, plus importante, mais aussi beaucoup plus difficile, à savoir : l'homme a-t-il existé avant l'époque quaternaire ou, en d'autres termes, était-il contemporain de l'époque tertiaire?

Telle est la question qu'a abordée le professeur Capellini de Bologne, lorsqu'il présenta au congrès de Pesth des débris d'un squelette de *Balænotus* fossile, genre de Cétacé établi par van Beneden et rencontré jusqu'ici dans le crag gris d'Anvers. Ces débris portaient des entailles de formes diverses dans lesquelles le savant géologue italien crut reconnaître la trace, évidente suivant lui, de la main humaine armée du silex.

Cette communication produisit dans l'assemblée une sensation très-vive : les pièces présentées furent soigneusement analysées et discutées, et il importe, croyons-nous, de donner sur cet incident quelques développements qui permettent d'en apprécier exactement la portée et la valeur réelles.

Nous tenons à déclarer tout d'abord que, dans notre pensée, l'existence de l'homme à l'époque tertiaire ne repose jusqu'à présent que sur des indices insuffisants, croyons-nous, pour entraîner la conviction. Elle reste donc à l'état d'hypothèse. Ajoutons toutefois que nous n'éprouvons personnellement aucune répugnance à l'admettre, l'état des milieux contemporains ne s'y opposant nullement. Mais nous pensons que la question présente assez d'importance et de gravité pour justifier dans la recherche des preuves les soins les plus minutieux et la plus grande rigueur scientifique.

---

[1] *Antiquités celtiques et antédiluviennes.* Paris, 1845.

Or les arguments invoqués par les partisans de cette idée comprennent deux ordres de faits empruntés, d'une part, à la présence, dans quelques terrains miocènes ou pliocènes, de certains silex dans lesquels on verrait les traces du travail humain; d'autre part, à l'existence, sur les ossements fossiles appartenant aux mêmes couches géologiques, d'entailles ou d'incisions attribuées à l'intervention de l'homme, c'est-à-dire à l'action des mêmes silex.

Dans aucune circonstance, on n'a pu réussir à rencontrer un vestige du squelette de l'homme, de sorte que les opinions contradictoires se donnent libre carrière sur un problème aussi obscur. Un instant on put croire qu'une trouvaille caractéristique, celle d'un crâne humain dans le pliocène de Californie, viendrait dissiper tous les doutes, comme jadis la découverte d'Abbeville avait réalisé la démonstration de l'homme quaternaire; mais la découverte de M. Withney ne paraît pas s'être confirmée, car, après avoir été présentée au congrès de Bruxelles par MM. de Quatrefages et Desor, elle fut abandonnée[1]. Il en a été de même de la trouvaille de prétendus ossements humains dans le tertiaire supérieur annoncée par M. Arthur Issel.

Restent donc, pour éclairer le problème, les silex supposés travaillés et les entailles sur les ossements fossiles.

Nous ne nous arrêterons pas longtemps sur la première catégorie de ces documents, celle qui est relative aux silex travaillés. La question a pris naissance, comme on sait, au congrès de Paris en 1867, et la priorité appartient à cet égard à M. l'abbé Bourgeois, qui présenta à l'assemblée des silex qu'il considéra comme façonnés par la main humaine[2]. Ils avaient été rencontrés dans une argile jaune contenant des nodules de calcaire décomposé et de petits cailloux roulés d'origine crétacée. Au-dessus se trouvait une série de couches composées de sables fluviatiles de l'Orléanais renfermant des débris de faune quaternaire et recouvrant à leur tour des lits superposés de calcaire, d'argile et de marne.

La nature du gisement n'était donc l'objet d'aucun doute, et, quant aux silex, ils étaient ou paraissaient être très-grossièrement taillés, sans pouvoir être toutefois rattachés, même approxima-

---

[1] Voir *Compte rendu du congrès de Bruxelles*, Bruxelles, 1873, p. 107.

[2] *Étude sur les silex travaillés trouvés dans les dépôts tertiaires de la commune de Thenay, près Pontlevoy (Loir-et-Cher)*. (*Compte rendu du congrès de Paris*, 1868, p. 67.)

livement au type primitif et classique de Saint-Acheul. Quelques-uns d'entre eux portaient aussi la trace incontestable de l'action du feu.

Une polémique ardente s'éleva à cette occasion : des objections sérieuses se produisirent et quelques observateurs crurent pouvoir attribuer aux chocs réciproques des rognons primitifs de silex ces éclats ou débris de formes assez variables sur lesquels on avait cru reconnaître la trace du travail humain. Les silex brûlés eux-mêmes n'échappèrent pas aux objections et l'on supposa l'intervention ancienne, dans les couches profondes, d'une élévation accidentelle de température, une source thermale par exemple, à laquelle on prêta une action assez puissante pour produire cet effet.

La question, posée dans ces termes au congrès de Paris, se reproduisit à Bruxelles en 1872, mais avec cette particularité que, sur la demande expresse de l'abbé Bourgeois, une commission composée des savants les plus autorisés en matière de préhistorique fut chargée d'examiner les échantillons. Cette commission se partagea, comme on sait, en deux groupes opposés à peu près égaux en nombre, car c'est à une très-faible majorité qu'une conclusion conforme aux idées du savant archéologue fut formulée devant l'assemblée.

C'est dans le cours de cette même session de Bruxelles qu'un autre explorateur, M. Ribero, annonça la découverte de silex taillés dans le miocène et le pliocène du Portugal [1].

Cette communication donna lieu aux mêmes interprétations et aux mêmes objections que la précédente.

A ces documents très-restreints et, comme on voit, très-contestés se borne l'état présent du problème relatif aux silex tertiaires travaillés de main d'homme.

La question des entailles sur les ossements d'animaux fossiles est notablement plus étudiée.

C'est encore au congrès de Paris, à la suite de la présentation de M. l'abbé Bourgeois, qu'un autre explorateur, M. l'abbé Delaunay, produisit les premières pièces de squelette offrant des incisures [2]. C'étaient des os d'Halithérium; mais la disposition et la

---

[1] *Compte rendu*, p. 93.
[2] *Compte rendu*, p. 74.

forme de ces entailles ne réussirent pas à entraîner la conviction.

Le second document de même ordre appartient à M. Buck, qui, dans le crag pliocène de Suffolk, recueillit des dents de *Carcharodon* qui paraissaient percées par la main de l'homme [1]. Disons tout de suite que cette hypothèse s'évanouit rapidement lorsque M. Hugues, après une étude minutieuse des pièces, arriva à démontrer que ces perforations étaient dues à des causes naturelles, sans doute l'action de certains mollusques lithophages de la mer pliocène, opinion que M. Hamy a partagée entièrement au congrès de Bruxelles [2].

De son côté, M. Delfortrie, qui avait signalé l'existence de stries et d'entailles trouvées sur les côtes et les vertèbres de certains cétacés fossiles (Halithérium et Squalodon) dans le miocène supérieur aquitanien, dut bientôt, avec la plus entière bonne foi d'ailleurs, abandonner l'hypothèse de l'action humaine. C'est ainsi qu'il reconnut, comme parfaitement applicable à la forme et à la disposition des entailles, l'intervention d'une dent pectinée, celle du *Sargus serratus*, dont les restes se sont retrouvés dans le même terrain miocène [3].

Un autre document, produit par M. le baron Van Ducker [4], était relatif à des cassures et aussi à des incisions retrouvées, cette fois, non plus sur des ossements de cétacés fossiles, mais sur des fragments de squelettes de mammifères terrestres dans un gisement célèbre de la Grèce, celui de Pikermi. C'étaient des os d'Hipparions, d'Antilopes, de Rhinocéros. On avait cru y reconnaître la trace des manœuvres d'un individu intelligent dans le but d'en extraire la moelle; mais l'opinion des savants les plus autorisés en cette question, MM. Capellini, de Mortillet et Gaudry, se prononça encore énergiquement contre cette interprétation. — Les cassures furent considérées comme l'effet de circonstances purement accidentelles.

Une autre pièce fut présentée à la Société géologique de France par M. Farge [5] : c'était un nouveau fragment de radius

---

[1] *Geological Magazine*, IX, London, june 1872.
[2] Voyez *Compte rendu du congrès de Bruxelles*, p. 109.
[3] *Actes de la Société Linnéenne de Bordeaux*, t. XXVII, 1869, septembre.
[4] *Compte rendu du congrès de Bruxelles*, p. 104.
[5] Voyez *Bulletin de la Société géologique*, 1871, p. 265.

d'Halithérium recueilli dans le miocène moyen et portant une série d'entailles qui donnèrent tout d'abord l'idée d'un travail humain; mais une trouvaille, dans le même terrain, de dents de *Carcharodon megalodon* fit abandonner la première supposition, et l'on put aisément reconnaître que ces dents s'adaptaient parfaitement, comme forme et comme mode d'action, à la nature même des entailles attribuées d'abord aux silex.

Enfin, cette année même, au congrès de l'Association française à Clermont, M. Pomel [1] a présenté un fragment de fémur de Rhinocéros miocène sur lequel on remarquait des *écaillures* faites sur l'os à l'état frais. Ces écaillures ont été attribuées par l'auteur de la présentation non à l'homme, mais à de petits rongeurs, des *mustéliens* à incisives très-aiguës. M. de Mortillet, tout en repoussant en ce cas l'intervention de l'homme, est plus disposé à attribuer les écaillures à un simple effet mécanique accidentel dû à une modification géologique.

Tel était l'état de la question relative à l'existence de l'homme tertiaire, lorsque le savant géologue de Bologne vint soumettre à l'examen du congrès de Pesth des fragments d'os d'une espèce de baleine fossile appartenant à l'époque pliocène. C'est sur un certain nombre de documents géologiques absolument précis qu'il fonde cette provenance [2].

Ces fragments osseux étaient des débris de côtes, des radius, des corps vertébraux d'une extrême dureté et provenant, ainsi que nous l'avons dit, d'individus à l'état adulte.

Ils présentaient de nombreuses entailles, qui occupaient invariablement la face externe des côtes, les faces latérales des apophyses transverses des vertèbres, la face externe du radius, c'est-à-dire constamment les parties les plus directement exposées aux actions mécaniques venant de l'extérieur. Aucune trace analogue ne se rencontrait à la partie concave des os, sur les points soustraits naturellement aux mêmes actions. La forme de ces lésions est très-spéciale et caractéristique, c'est une véritable entaille,

---

[1] Voyez *Comptes rendus de l'Association française*, session de Clermont, séance du 23 août 1876, p. 639.

[2] Voyez *Terreni tertiari di una parte del versante settentrionale del Apennino: appunti per la geologia della provincia di Bologna*, Bologna, 1876. — *Sulle balene fossili Toscane*. Roma, 1876. — *L'uomo pliocenico in Toscana*. Letta alla reale academia dei Lincei, 7 maggio 1876. Roma.

comme pourrait la produire un agent à la fois tranchant et contondant.

Ce premier point établi, il s'en présentait un autre d'une importance au moins égale, c'était de déterminer quels caractères affectaient les diverses entailles ou incisions.

A cet égard, on peut diviser ces lésions osseuses, au point de vue de leur forme, en trois groupes.

Un *premier groupe* comprendrait les stries ou entailles simples, plus ou moins profondes, mais ayant une direction se rapprochant de la perpendiculaire à l'axe de l'os.

Elles ont les deux lèvres égales, une profondeur uniforme ou un peu plus grande vers le milieu de leur étendue et résultent incontestablement de l'action de l'extrémité acérée d'un corps piquant et tranchant.

Un *second groupe* se composerait des entailles obliques, c'est-à-dire de celles qui, dues certainement à l'effet d'une lame à la fois tranchante et contondante, auraient porté dans un effort brusque et unique.

La forme est ici tout à fait particulière : c'est un angle dont le sommet répondrait au fond de la plaie et dont les deux côtés ou bords sont essentiellement différents.

Le premier de ces bords, représentant l'une des lèvres de l'entaille, est comme taillé brusquement et à pic ; son arête est fine et nette, et elle répondrait au choc d'attaque du corps tranchant ; la lèvre opposée est au contraire plus large, formant un biseau inégal, étalé et rugueux, avec un bord irrégulier, c'est la partie éclatée de l'incision. Cette sorte de blessure doit être attribuée à un choc d'abord direct d'une lame tranchante, aussitôt suivi d'un mouvement latéral ayant détaché brusquement une espèce d'éclat.

Dans un *troisième groupe* se place enfin la catégorie la plus curieuse des entailles, celles qui ont le plus frappé les membres du congrès et les plus favorables aussi, en apparence du moins, à l'interprétation de M. Capellini : ce sont les entailles qui, situées sur le bord supérieur ou inférieur d'une côte ou sur la partie convexe d'un os long, sont manifestement *courbes*.

Or une courbure de cette nature a paru impliquer tout d'abord une action intentionnelle et intelligente. On ne pouvait être disposé à attribuer à une cause accidentelle une lésion de cette forme spéciale, c'est-à-dire présentant la trace d'un mouvement tournant.

A cette interprétation présentée par le savant professeur et adoptée par plusieurs membres du congrès, il nous a semblé qu'on pouvait opposer l'hypothèse d'un mouvement exécuté, non plus par l'arme assaillante, mais par l'animal assailli qui, encore vivant au moment de l'attaque, aurait cherché par quelques manœuvres à se dérober à l'agent meurtrier.

Quoi qu'il en soit, il paraissait résulter du siége et des dispositions de ces entailles diverses, qu'elles ne pouvaient être attribuées qu'à une action calculée et intentionnelle, dans le but de dépouiller de ses tissus un cétacé échoué pour en tirer un parti quelconque, c'est-à-dire au silex manié par la main de l'homme.

Quelques objections se produisirent pourtant au sein du congrès de Pesth : on chercha à invoquer l'action de quelques causes accidentelles, des frottements d'un cétacé échoué et ballotté sur des pointes de rochers et aussi les attaques possibles de certains poissons armés de dents aiguës ou tranchantes. Ces observations toutefois se firent très-timidement, tant paraissait ardente et profonde la conviction du savant professeur.

L'impression générale qui résulta de cette communication fut que le problème de l'existence de l'homme tertiaire avait fait un grand pas vers la solution conforme aux idées de M. Capellini. Ajoutons que M. Broca, dans le cours de la discussion, parut se rallier, au moins provisoirement, à cette opinion.

Nous n'avons pas, pour notre compte, pris part, au congrès de Pesth, à cette grave discussion ; mais, revenu à Paris et ayant compulsé avec quelque attention les pièces de cet intéressant procès, des doutes très-sérieux surgirent dans notre esprit et nous prîmes la résolution de soumettre au contrôle de l'expérience les principales données du problème [1].

L'idée qui dirigea ces tentatives fut de chercher si, dans les espèces de la faune marine contemporaine des cétacés pliocènes, quelques individus ne seraient pas pourvus d'armes offensives spéciales, propres à produire, par une action directe, des lésions comparables à celles qui ont été attribuées au silex humain. Nous ne nous arrêtâmes pas, bien entendu, aux espèces pourvues d'un système dentaire régulier. Nous avons plus haut

[1] Ces expériences ont été l'objet d'une communication faite par nous tout récemment à la Société d'anthropologie de Paris, où elle donna lieu à une discussion. (Voir *Bulletin de la Société*, 1876. — Séance du 18 novembre.)

établi l'invraisemblance d'une telle action, et M. Capellini avait d'ailleurs répondu d'avance à cette objection.

Nos recherches devaient donc s'adresser à des animaux pourvus d'armes isolées, uniques et capables d'agir sans morsures, sans effets doubles, parallèles et opposés.

Dès le début de nos investigations, il nous fut possible de rencontrer un nombre assez considérable d'espèces pourvues d'un rostre occupant la partie antérieure de la tête et pouvant exercer une action tranchante ou contondante, parfois même tranchante et contondante à la fois.

L'existence de ces espèces à l'époque tertiaire ne devait être, de notre part, l'objet d'aucun doute. La paléontologie moderne a établi en effet, d'une manière incontestable, la permanence de la faune pliocène, qui se retrouve jusqu'aujourd'hui sans modification sensible. Une de nos autorités scientifiques les plus considérables, M. Gaudry, professe cette opinion. Mais il faut ajouter, en outre, que les espèces fossiles de cette période sont nombreuses. Citons, par exemple, les différentes variétés d'*espadons* ou genre *Xiphias*, dont le museau offre un prolongement du vomer ou de l'inter-maxillaire en forme de lame comprimée transversalement, tran chante des deux côtés et terminée par une pointe aiguë, semblable en tous points à une lame d'épée ou de sabre. Puis viennent : le genre *Eucheiziphius* (Rütimeyer), armé d'un rostre arrondi, pointu et dentelé, et qui a été trouvé à l'état fossile dans les sables marins pliocènes de Montpellier; le genre *Cœlorynchus*, à rostre arrondi, du tertiaire inférieur; les espèces du genre *Machera*, à côté desquelles se place précisément l'espadon; les *Histiophorus* de Cuvier, à rostre également dentelé et aigu, etc. Nous avions aussi invoqué à priori l'intervention possible d'une autre espèce de *Squales*, armés d'un rostre formidable, lequel est garni de chaque côté d'une série de dents couvertes d'émail et tranchantes à l'égal d'une lame d'acier : c'est la *scie* (Pristis), *Squalus pristis* de Linné.

Dirigé par ces vues préalables, nous commençâmes nos expéri-mentations : nous eûmes la bonne fortune de trouver au Muséum d'histoire naturelle de Paris toutes les conditions nécessaires à notre programme. Le savant professeur d'anatomie comparée, M. Paul Gervais, voulut bien mettre à notre disposition son labo-ratoire et les divers éléments de nos expériences.

D'autre part, nous fûmes appelés à la complaisance de notre ex cellent collègue M. A. Bertrand, le directeur du musée de Saint-Germain, qui voulut bien nous confier des silex, soit libres, soit emmanchés et provenant des gisements tertiaires de M. l'abbé Bourgeois ou des dépôts paléolithiques pouvant se rapprocher davantage des formes tertiaires. Notre intention était, en effet, d'ouvrir une enquête comparative complète et de produire artificiellement des lésions osseuses avec les divers agents à peu près contemporains.

Ces premiers préparatifs terminés, nous prîmes dans les réserves du Musée d'anatomie comparée des côtes de baleine qui furent mises en macération dans l'eau pendant huit jours, après quoi elles furent fixées sur une table ou sur le sol de manière qu'on pût diriger sur elles l'action de l'arme à expérimenter.

Nos tentatives comprennent ainsi trois parties : 1° expériences avec l'espadon; 2° expériences avec la scie; 3° expériences avec le silex. En voici le résumé[1] :

1° Expériences avec l'espadon.

Un rostre d'espadon fut lancé, par un choc brusque et direct, sur l'extrémité spinale d'une côte de baleine; le choc fut répété plusieurs fois, toujours dans le même sens et imitant en quelque sorte l'attaque de l'animal, pourvu comme on sait d'une force musculaire considérable, encore accrue par le poids énorme et la résistance de l'animal attaqué. Plusieurs rostres d'espadon se brisèrent. Ils étaient d'ailleurs secs et émoussés depuis longtemps et formaient d'anciennes panoplies du musée. Nous dûmes cependant nous en contenter, n'ayant pu nous procurer d'échantillons frais. Malgré ces défectuosités, cette première série d'expériences produisit à la surface de la côte des entailles en tout parfaitement semblables à celles que M. Capellini avait découvertes sur les débris de son Balænotus pliocène. Les stries simples ou entailles de la première catégorie décrites plus haut, les entailles obliques, avec lèvre fine

---

[1] Ces expériences n'ont pas été soumises au congrès de Pesth, puisque nous les avons entreprises à notre retour de Hongrie. Elles ne devraient donc pas figurer à la rigueur dans cette relation. Nous avons cru devoir cependant les exposer ici, car elles permettent, ce nous semble, d'éclairer le problème posé devant l'assemblée et d'établir la part personnelle que nous avons prise depuis lors dans cette question. Nous les présentons à titre de simples documents.

et nette et lèvre opposée éclatée, se retrouvent avec une identité absolue.

Quant aux entailles de la troisième catégorie, celles qui offrent le caractère courbe, nous eûmes recours, pour les reproduire, à un stratagème consistant à faire décrire à la côte en expérience un mouvement de rotation léger, au moment du choc de l'espadon, de manière à imiter le mouvement spontané de l'animal attaqué. L'expérience eut un plein succès, et l'on peut voir, sur les pièces dont nous donnons le dessin (pl. I, fig. 3), que les entailles courbes s'y retrouvent avec la même identité de formes que celles des côtes fossiles (fig. 1 et 2).

Le rostre d'espadon est donc capable de produire toutes les formes voulues d'entailles osseuses, dans l'hypothèse d'une lutte entre cet animal et un grand cétacé vivant ou seulement échoué et mourant sur une plage. Toutes les conditions du siége exclusif des entailles à la face externe des os accessibles du dehors, les directions variées des incisions et les degrés divers de profondeur, sont parfaitement réalisables.

2° Expériences avec le rostre de la scie.

Ces expériences ont été à peu près négatives. Des rostres puissants dirigés sur les côtes macérées n'ont produit aucune lésion comparable aux précédentes, ni à celle du Balænotus fossile. A peine avons-nous pu produire des lésions superficielles, des *éraflures*, mais point d'entailles. Le rostre était manié comme celui de l'espadon, c'est-à-dire par rencontre directe; mais, en variant les manœuvres, en frappant directement et transversalement sur la côte, les lésions restaient encore fort différentes. C'étaient de simples enfoncements ou plaies contuses courtes et nullement comparables à des entailles quelconques.

3° Entailles avec le silex taillé.

Enfin, nos expériences n'eussent pas été complètes si nous n'avions tenté de produire les lésions en question avec le silex manié directement à la main. Mais il se présentait tout d'abord ici une difficulté. Quel silex employer? Le silex tertiaire, celui de la collection de M. l'abbé Bourgeois, présente bien rarement une taille suffisamment tranchante; il est d'un petit volume. Manié directement à la main, il ne pouvait entamer ce squelette si dur de notre baleine, pourtant jeune et dont les os avaient macéré dans l'eau : nous ne pûmes ainsi produire autre chose que des raies superficielles, des éraflures inégales, mais point d'entailles proprement dites. Nous abandonnâmes cet instrument impuissant entre nos mains, et, admettant à la rigueur l'hypothèse, non invraisemblable d'ailleurs, d'un emmanchement, nous nous adressâmes aux silex plus volumineux et grossièrement taillés qui forment la collection donnée au musée de Saint-Germain par le vicomte Lepic. Ce sont des silex quaternaires du type de Saint-Acheul. C'étaient les plus rapprochés de forme de ceux que nous avions précédemment essayés. Armé de cette façon, nous nous mîmes en devoir d'attaquer une nouvelle côte de jeune baleine, en reproduisant autant que possible les manœuvres des baleiniers hypothétiques des temps pliocènes : grattant les os comme pour dépecer les parties molles, frappant obliquement dans certains points comme pour détacher quelque adhérence tendineuse, imitant enfin tous les actes qu'on pouvait prêter à l'homme dans ces circonstances. C'est ainsi que nous pûmes montrer toute une moitié de la face externe d'une côte ainsi attaquée et travaillée pendant environ une demi-heure, et l'on dut reconnaître avec nous que rien, dans ces lésions diverses, n'est comparable aux entailles que M. Capellini a présentées. Les lignes de grattage sont inégales, rugueuses, *mâchées*. Les incisions résultant de coups brusques n'ont aucune netteté : ce sont des enfoncements superficiels, à lèvres égales et semblables, sans arête d'un côté ni éclat de l'autre. Sur les points où nous avons tenté par un coup oblique d'enlever un éclat ou un copeau, nous n'avons pu parvenir à reproduire ces dispositions si marquées de la deuxième catégorie des entailles de M. Capellini.

Enfin, les mouvements tournants que nous avons exécutés sur le bord de la côte n'ont fourni non plus aucun résultat comparable aux entailles correspondantes fossiles. Elles étaient, comme les précédentes, inégales, rugueuses et fort loin de la netteté de l'incision à bord net, à fond délicat et fin des premières.

CONCLUSIONS.

De cet ensemble de considérations et d'expériences, nous nous croyons autorisé à déduire les résultats suivants :

1° Les entailles trouvées sur des ossements de baleines pliocènes par le professeur Capellini de Bologne sont évidemment le résultat de l'action d'un corps à la fois tranchant et contondant, manié avec une grande force.

2° Le silex tertiaire employé par nous, et manié directement à la main ; le silex quaternaire (type de Saint-Acheul), emmanché solidement, se sont montrés, dans nos expériences personnelles, absolument incapables de reproduire des lésions analogues.

3° Un rostre d'espadon, manié avec énergie et dirigé par des chocs directs sur la surface d'une côte de baleine macérée dans l'eau, reproduit de la manière la plus exacte et la plus saisissante toutes les variétés de forme, de dimension et de direction des entailles qu'offrent les ossements de Balænotus fossile.

4° Le rostre de la scie (Pristis), manié de la même manière, ne produit aucune lésion comparable aux précédentes.

5° Nous pensons que, sans pouvoir affirmer d'une manière absolue que les entailles fossiles sont dues à l'espadon ou à tout autre poisson analogue, on ne saurait encore moins admettre qu'elles soient le résultat de l'action du silex, manié par la main humaine, et, en tous cas, le rostre de l'espadon les reproduit exactement.

6° Enfin, lesdites entailles ne doivent pas dès lors, selon nous, être invoquées comme des indices favorables à la théorie de l'existence de l'homme pliocène.

B

DE LA PRATIQUE DE LA DÉFORMATION ARTIFICIELLE DU CRÂNE.

(Planche II.)

Les anthropologistes ont remarqué depuis longtemps que des crânes provenant de certaines sépultures de l'époque des dolmens présentaient des déformations toutes spéciales, caractérisées tantôt par deux dépressions occupant, l'une, la région frontale, l'autre, le sommet de la tête, tantôt par une seule de ces dépressions isolément.

Ces déformations, qui se retrouvaient identiques à elles-mêmes dans des gisements soit voisins, soit très-distants les uns des autres, présentaient tout d'abord des caractères qui éloignaient l'idée d'une altération de forme posthume, laquelle se serait produite dans le sol par suite de certaines pressions accidentelles. Ces dernières déformations, dues à divers déplacements de terrain, sont en effet bien connues dans leur physionomie et dans leur mécanisme de production; elles ne sont, en aucun cas, assimilables aux déformations sur le vivant. La détermination différentielle des deux altérations est donc un fait absolument établi.

Les crânes déformés artificiellement durant la vie, c'est-à-dire pendant l'enfance, se sont retrouvés sur un certain nombre de points de l'Europe, et les gisements, rapprochés les uns des autres, ont permis d'esquisser leur répartition géographique. Or, comme on doit nécessairement rattacher cette pratique singulière aux habitudes et aux mœurs d'un peuple déterminé, l'étude de ces localisations des gisements de crânes déformés peut conduire à éclairer l'ethnographie sur les migrations et les lieux de séjour de ce peuple même.

Au congrès de Pesth, un physiologiste hongrois, M. de Lenhossek, a présenté un crâne macrocéphale artificiel trouvé à Csongrad, au bord de la Tisza. Le gisement découvert en ce point renfermait six crânes pareils. La déformation était, non double, mais simple; elle occupait la région antérieure et résultait vraisemblablement de la pression obtenue par un bandeau qui, passant sur la région frontale, était noué autour de la région postérieure.

La partie supérieure du crâne ou *sinciput* ne présentait aucune déformation analogue et l'ensemble de la boîte crânienne avait par là subi un allongement antéro-postérieur en raison de la projection en arrière, par le lien fronto-occipital, des parties moyennes et postérieures de la tête.

Cette communication excita au sein du congrès de Pesth un très-vif intérêt. La découverte d'un groupe de crânes ainsi déformés artificiellement devait nécessairement être rattachée à des faits analogues recueillis déjà sur un grand nombre de régions du continent et même du nouveau monde. Il appartenait à M. Broca, qui s'est lui-même livré antérieurement à des études sur cette question, de présenter à l'assemblée des considérations générales sur la pratique des déformations et sur les conditions du peuple spécial qui la pratiquait.

C'est ainsi que notre savant compatriote détermine d'abord les différents gisements dans lesquels ont été retrouvés les crânes macrocéphales : la Crimée en a présenté de nombreux spécimens, et, d'autre part, le haut Danube, la Suisse, la France, la Grande-Bretagne et enfin le Caucase. Le peuple qui pratiquait cette déformation artificielle a donc parcouru l'Europe dans toute sa largeur et ses migrations remontent vraisemblablement à une époque très-lointaine, car des sépultures de Mtzkhéta, près de Tiflis, ont fourni un grand nombre de crânes macrocéphales contemporains de l'âge du bronze. Quelques-uns de ces crânes ont été donnés à la Société d'anthropologie de Paris en 1873, par M. Smirnow. Ils provenaient précisément de ces sépultures de Tiflis et étaient accompagnés de divers objets en bronze et en verre sans aucune trace de fer.

Ces renseignements nous reportent bien loin de l'époque des invasions des Avares, auxquels est attribuée à tort, par certains auteurs, cette pratique des déformations crâniennes.

D'ailleurs, en remontant le cours des documents historiques, nous retrouvons un texte d'Hippocrate qui traite la question.

En effet, le livre grec, qui date comme on sait du milieu du v° siècle avant Jésus-Christ, parle, dans le *Traité des airs, des eaux et des lieux*[1], d'un peuple qui résidait sur la rive septentrionale du Pont-Euxin, vers le Palus-Méotide, et qui avait établi la coutume de déformer la tête des enfants à l'aide de bandes et d'autres moyens mécaniques destinés à l'allonger.

Hippocrate ne donne pas le nom de ce peuple, mais il mentionne ce terme de *macrocéphales* qui lui a été donné par les Grecs. Ce terme signifie simplement *tête longue.*

Il n'y a aucun doute que les macrocéphales d'Hippocrate appartiennent à la même origine que les autres exemples recueillis depuis lors. L'expression *macrocéphales* doit donc être conservée, aussi bien au point de vue historique qu'à celui des caractères mêmes de la déformation.

Hippocrate mentionne un détail qu'il est bon de noter : après avoir indiqué que cette pratique de la déformation s'appliquait invariablement à tous les enfants, il dit que peu à peu cette altération de la forme des crânes était devenue héréditaire et qu'il n'était plus nécessaire, pour la perpétuer, d'altérer la tête des enfants; cependant il ajoute que dans la suite, la nature reprenant ses droits, les crânes de ce peuple étaient revenus spontanément à la forme normale.

[1] S 14.

Cette opinion d'Hippocrate en matière d'hérédité n'est pas acceptable et l'on sait aujourd'hui, par une série surabondante de documents, que les déformations artificielles, et, en général, toutes les dispositions acquises, ne sont nullement héréditaires.

Quoi qu'il en soit, les récits d'Hippocrate datant, ainsi que nous l'avons vu, du ve siècle, il faut en conclure que les faits de déformation qu'il mentionne étaient antérieurs de plusieurs générations et qu'on peut, très-approximativement il est vrai, les reporter vers le vie ou le viie siècle avant l'ère chrétienne.

Cette notion peut servir à retrouver dans l'histoire la trace du peuple migrateur qui avait pratiqué et propagé la macrocéphalie, et M. Broca paraît avoir donné sur ce point une solution satisfaisante, qui résulte non-seulement d'études antérieures, mais de son discours au congrès de Pesth[1].

C'est ainsi qu'il affirme sans la moindre hésitation que le peuple macrocéphalien était les Cimmériens, les Κιμμέριοι des Grecs, occupant la rive septentrionale du Pont-Euxin et la Crimée, qui leur doit précisément son nom. Les plus anciennes traditions grecques ne mentionnent dans cette région, depuis la Colchide jusqu'au Danube, aucune autre population, et si toutes les tribus cimmériennes n'ont pas pratiqué la macrocéphalie, il n'en est pas moins certain que cette pratique était spéciale à quelques-unes d'entre elles.

Ce premier point de l'origine du peuple Cimmérien étant fixé, il reste à établir par quelles circonstances et quel mécanisme la pratique de la macrocéphalie s'est ainsi répandue sur des points de l'Europe qui sont, ainsi que nous l'avons vu, si nombreux et si variés.

Ici un texte d'Hérodote nous apporte un contingent précieux de renseignements. Il rapporte, en effet, que pendant la deuxième année du règne d'Ardys, fils de Gygès, roi de Lydie (environ 63o avant notre ère), la grande invasion des Scythes amena la dispersion des Cimmériens. La nation entière émigra avec ses troupeaux et ses chevaux. Une bande conduite par Lysdanis reflua vers l'Asie à travers le Caucase. Mais Hérodote ne nous dit pas ce qu'est devenu le reste de ce peuple, ce qui tient à son ignorance

---

[1] Marche des Cimmériens macrocéphaliens. (*Bulletin de la Société d'anthropologie*, 1873. p. 57.)

absolue de tout le pays situé au nord et à l'ouest de la péninsule hellénique.

Il n'est pas douteux cependant que c'est dans cette direction que se répandirent les populations cimmériennes refoulées par les Scythes. Amédée Thierry rapporte, en effet, que, vers l'an 587, une grande invasion des Kimris se serait répandue en Gaule sous la conduite de Hu, le puissant, le grand « chef de guerre » célébré dans les triades galloises. Or ces *Kimris* ou *Kymris* ne seraient autres que les Cimbri des Romains.

La race kimrique représenterait donc exactement le peuple cimmérien primitif, et, en reconstituant, d'après les recherches modernes et les gisements macrocéphales, la marche de cette race, on doit retrouver les premiers caractères et conséquemment la pratique spéciale de la macrocéphalie.

La race kimrique constitue l'une des deux grandes races gauloises. Elle pénétra, vers le vi^e ou viie siècle avant notre ère, dans la Gaule par le Rhin et occupa définitivement toute la Gaule Belgique, comprise entre la Seine, la Marne et le Rhin. Elle passa de là dans la Grande-Bretagne, dont elle peupla la partie méridionale.

C'est encore à ce groupe que se rattache, à une époque ultérieure toutefois, l'invasion kimrique qui a pénétré en Gaule suivant une direction du nord-est au sud-ouest, jusqu'aux Pyrénées : la présence de crânes déformés dans la région comprise entre Toulouse et Narbonne atteste suffisamment ce fait.

Un autre courant kimrique, traversant l'Helvétie et les Alpes pennines, s'établit dans la haute Italie, où il se retrouve dans le peuple connu sous le nom de *Boïens*. C'est à ce groupe que se rapportent d'autres migrations secondaires dans la région comprise entre le Mein et le Danube jusque dans la Bohême, qui a conservé leur nom.

Or tous les points de l'Europe sur lesquels l'histoire mentionne le passage des Cimmériens paraissent être précisément les mêmes où les archéologues ont découvert des crânes macrocéphales. On ne peut attribuer à aucun autre peuple une pratique si spéciale, et les faits de cet ordre, recueillis aujourd'hui en très-grand nombre, viennent éclairer précisément l'histoire des migrations des peuples cimmériens.

La découverte des crânes macrocéphales de la région du Caucase sur les bords de la Baltique, dans l'Italie septentrionale et sur certains points de la Gaule, indique donc les stations principales de certaines tribus du peuple cimmérien ou kimrique, mais son passage à travers l'Europe était encore entouré de beaucoup d'obscurité. M. Broca avait supposé, il est vrai, qu'ils avaient atteint le Holstein (péninsule cimbrique) en remontant le Dniester et descendant la Vistule. La découverte de M. de Lenhossek vient suppléer au silence de l'histoire, en établissant une nouvelle voie, celle de la rive gauche du Danube, qui les conduisait dans la direction de l'ouest.

Cet ensemble de documents fixe l'état présent de la science au point de vue de la répartition géographique de la pratique de la macrocéphalie et en même temps sur la marche des Cimmériens macrocéphales. Mais, pour compléter cette démonstration, il faut établir que la déformation qui porte ce nom s'est exactement retrouvée semblable à elle-même sur tous les points où elle a été rencontrée. C'est ainsi que nous constatons, sinon l'identité absolue de la forme artificielle, du moins celle du principe fondamental de cette pratique. Ce principe, en effet, peut se décomposer en deux éléments, qui, bien que se rencontrant parfois isolément, appartiennent de la manière la plus évidente à la même habitude ethnologique[1]. Or, en examinant le profil d'un crâne macrocéphale présentant la double déformation typique, celle de Tiflis par exemple, on constate deux dépressions très-prononcées, séparées l'une de l'autre par une forte voussure. (Voir planche II.)

La première dépression correspond à la région frontale (*a*) et résultait vraisemblablement de l'application d'une plaque qu'on suppose formée de bois ou de pierre comprimant cette région. La

---

[1] Nous n'avons pas à spécifier ici le principe de la déformation macrocéphalique et les résultats morphologiques qu'il imprime d'une façon indélébile au crâne humain. Nous ne connaissons d'ailleurs qu'une autre déformation avec laquelle, sans un examen suffisant, on pourrait la confondre, nous voulons parler de la *scaphocéphalie,* nom que lui a donné M. Virchow. Celle-ci résulte d'un aplatissement latéral du crâne, tandis que la macrocéphalie est transversale. Cette confusion a cependant été commise par Blumembach, qui décrit comme *macrocéphale* un crâne évidemment scaphocéphale. (Voir *Decas collectionis suæ craniorum diversorum gentium illustrata.* Gottingae, 1790, table III.) Nous pouvons d'ailleurs renvoyer le lecteur que cette question intéressera à un excellent travail du docteur Hamy sur la *Genèse de la scaphocéphalie.* (*Bulletin de la Société d'anthropologie de Paris,* t. IX, 2ᵉ série, 1874, p. 856.)

seconde occupe le sinciput, qui est abaissé transversalement comme par l'effet d'une bandelette passant autour de la tête sur le tiers antérieur de la suture sagittale (b).

C'est, en effet, à la combinaison de ces deux déformations distinctes qu'est due la macrocéphalie type, c'est-à-dire à l'action simultanée de deux agents mécaniques parfaitement séparables d'ailleurs. On peut donner à cette disposition fondamentale le nom de macrocéphalie primitive ou caucasique, car c'est celle qui se pratiquait dès l'origine. Mais cette forme première s'est modifiée ou subdivisée dans le cours des migrations cimmériennes. M. Broca a retrouvé tantôt l'une, tantôt l'autre sur des points éloignés, bien que pouvant être rattachés historiquement.

La *déformation sincipitale* a été rencontrée dans le département des Deux-Sèvres et aussi aux environs de Rouen. Elle donne aux crânes l'aspect d'un enfoncement en gouttière, de la forme d'une selle de cheval, et très-variable de profondeur, suivant l'énergie et la durée de la compression; elle est complétement cachée par la chevelure et ceux qui la portent ne se doutent pas de son existence. C'est celle que plusieurs médecins aliénistes (Foville, Lunier, Morel) ont reconnue encore comme plus fréquente dans les asiles d'aliénés que dans le reste de la population. Ils ont cru pouvoir en conclure qu'elle constitue une prédisposition à l'idiotie, à l'épilepsie, à la folie; mais les efforts pour déraciner une si déplorable routine sont restés bien souvent infructueux.

La *déformation frontale*, bien plus prononcée que la précédente, est caractérisée par l'aplatissement et l'obliquité du front. Seulement, comme elle occupe une région découverte, elle se reconnaît au premier abord. Elle a été décrite par un naturaliste génevois, Gosse père, en 1855[1], puis par Broca[2], qui lui a donné le nom de déformation toulousaine, car on retrouve encore aujourd'hui cette pratique dans la contrée située entre Toulouse et Narbonne. Elle était très-fréquente à la fin du dernier siècle dans ce pays et il a fallu toute la persévérance des gens éclairés et surtout des médecins pour en faire restreindre, sinon abandonner l'emploi. On la rencontre rarement dans les villes, mais dans les campagnes elle est encore habituelle, et si l'on cherche à la rattacher à une tradition ou à une coutume quelconque, on reconnaît qu'elle s'est

[1] *Sur les déformations artificielles du crâne. Genève. 1857.*
[2] *Bulletin de la Société d'anthropologie. 17 août 1871.*

transmise de temps immémorial. Or cet héritage de l'ancienne barbarie répond exactement à une aire géographique qui n'est autre que le territoire des *Volkes Tectosages,* c'est-à-dire d'un groupe *kimrique* qui avait Tolosa (Toulouse) pour capitale.

Les traditions anciennes, aussi bien que les coutumes actuelles des populations macrocéphaliques, indiquent donc en outre que la déformation frontale s'effectuait à l'aide d'une plaque de substance d'ailleurs indéterminée et recouverte d'une bande nouée en arrière au-dessous de l'occiput; la déformation sincipitale, au contraire, paraît due à l'action simple d'une bande nouée sous le menton. Elle a été désignée sous le nom d'annulaire, et si l'on a cru lui reconnaître une influence désastreuse sur le fonctionnement régulier des centres nerveux, à fortiori comprendrait-on quelle action doit avoir dans le même sens la déformation frontale. C'est ce qu'a pu très-heureusement constater M. Broca dans l'autopsie d'une femme toulousaine de soixante-quatorze ans présentant cette déformation à un haut degré et morte à la Pitié en 1871. Le cerveau était profondément déformé; les rapports des scissures cérébrales étaient modifiés; la dure-mère épaissie et adhérente aux os du crâne : toutes lésions pathologiques incompatibles avec un fonctionnement régulier de l'organe.

Il résulte de l'ensemble de ces documents que, pour ne parler que de la France, on retrouve, isolées et sur des points différents, les diverses pratiques de la déformation macrocéphalique dont la réunion représente la macrocéphalie des Cimmériens et qu'en outre elles ont été rencontrées à titre d'habitude séculaire dans des régions qui ont servi de passage ou de station au grand courant kimrique qui a envahi la Gaule du nord-est au sud-ouest : la Normandie, la Vendée, le Languedoc, etc., sont dans ce cas.

On voit quel intérêt et quelle portée a présentés devant le congrès de Pesth la communication de M. de Lenhossek, en provoquant un échange d'explications et une discussion auxquels M. Broca prit la principale part.

M. de Pulzsky a rappelé à cet égard la croyance erronée, qu'on avait conservée en Hongrie, d'après laquelle certains crânes déformés devaient être attribués aux Avares.

De son côté, M. Worsaae, l'illustre archéologue de Copenhague, confirme la présence ancienne, dans la péninsule cimbrique, des populations et des pratiques cimmériennes macrocéphaliques.

CONCLUSIONS.

Comme conclusions aux études de la macrocéphalie au congrès de Pesth, nous pouvons considérer comme établis les points suivants :

1° La pratique de la déformation crânienne connue sous le nom de *macrocéphalie* paraît être d'origine cimmérienne; elle remonte au delà du viiᵉ siècle avant notre ère et s'est propagée et entretenue jusqu'à nos jours.

2° Le système de la déformation primitivement double s'est subdivisé en deux variétés composantes, et chacune d'elles est restée propre à certains groupes de populations de même origine.

3° Les lieux de gisement des crânes macrocéphales permettent de fixer les étapes suivies par le peuple qui avait adopté cette pratique, et l'anthropologie, en les reliant entre eux, apporte des données précises à l'appui des documents historiques sur la marche et les migrations des peuples cimmériens macrocéphales.

4° Quant au but que se proposaient par cette étrange pratique les populations macrocéphales, il paraît assez difficile à discerner. On peut toutefois émettre à cet égard deux hypothèses : d'abord, il est permis de supposer que la déformation du crâne était destinée à réaliser un type de beauté, ou bien qu'il était appelé à différencier une caste spéciale, à titre d'apanage de noblesse. Quant à la seconde supposition, elle se rattacherait, par comparaison, à l'intention qui a dirigé certains peuples sauvages du Mexique et de l'Amérique du Sud dans la pratique de certaines déformations analogues : on aurait pour but d'affaiblir par la compression frontale ou sincipitale les aptitudes élevées de la pensée, pour développer, par la prédominance de la région occipitale, les instincts guerriers.

C

DE LA TRÉPANATION DU CRÂNE AUX TEMPS PRÉHISTORIQUES.

(Planches III et IV.)

Sous ce titre, M. Broca fait, devant le congrès de Pesth, l'une des plus importantes communications de la session et aussi l'une de celles qui excitèrent le plus vif intérêt.

Au début de son remarquable discours, le professeur de Paris expose l'état de la question :

De l'ensemble des documents recueillis jusqu'à ce jour, il résulte qu'aux temps de la pierre polie, on pratiquait sur le crâne humain des opérations ayant pour effet de produire à la boîte crânienne des ouvertures analogues à celle qu'on effectue en chirurgie au moyen de l'instrument appelé *trépan*.

Il faut remarquer tout d'abord que cette pratique n'était nullement dirigée, comme la trépanation chirurgicale, contre une lésion pathologique ou une fracture du crâne, les pièces recueillies n'en présentent aucune trace.

Ces trépanations étaient de deux ordres : les unes se pratiquaient après la mort, les autres pendant la vie ; d'où cette première division nécessaire, comprenant sous le nom de *trépanations posthumes* les ouvertures opérées après la mort, et sous celui de *trépanations chirurgicales* celles qui se pratiquaient sur le vivant.

1° De la trépanation posthume.

Cette première espèce de trépanation était effectuée aussitôt après la mort et sans doute avant l'inhumation. Elle avait pour but de couper les os du crâne de manière à en détacher des fragments de petites dimensions, soit quadrilatères, soit arrondis, quelquefois travaillés et polis avec plus ou moins de soin. On a donné à ces fragments le nom général de *rondelles*.

C'est à un médecin du département de la Lozère, patient explorateur des cavernes et des dolmens de son département, le docteur Prunières, de Marvejols, que revient tout entier l'honneur de cette première découverte. M. Broca rend complétement hommage sur ce point à notre persévérant compatriote [1].

Les crânes perforés et les rondelles qui en proviennent figurent dans la collection de M. Prunières au nombre de *trente* environ. Mais ce n'est pas tout, car d'autres explorateurs en ont, à son exemple, recherché et recueilli. M. Joseph de Baye en a trouvé une certaine quantité dans les sépultures préhistoriques de la Marne. M. Chouquet en a signalé un autre spécimen provenant d'un

---

[1] Cette priorité est établie par une première communication de M. Prunières, dès 1868, à la Société d'anthropologie. (*Bulletin de la Société d'anthropologie*, 1868, t. III, p. 404.)

gisement de Moret (Seine-et-Marne). La Charente en a fourni une autre pièce. M. Louis Lartet en a rencontré un crâne dans la grotte de Sordres, dans les Pyrénées. Enfin, quelques crânes trouvés dans les dolmens de l'Afrique par le général Faidherbe présentaient des ouvertures qui se rattacheraient encore à cette pratique. Néanmoins, ces dernières pièces sont moins démonstratives, et il convient, jusqu'à nouvel ordre, de les négliger dans l'étude de cette question.

Les *rondelles* crâniennes qui représentent les premières trouvailles faites dans la Lozère étaient manifestement destinées à être portées, à titre sans doute d'amulettes ou de talismans suivant que la superstition y attachait certaines vertus particulières. C'est ainsi que plusieurs d'entre elles présentent sur les côtés opposés des entailles visiblement ménagées pour recevoir un lien propre à la suspension (pl. III, fig. 5); d'autres sont perforées d'un trou central qui accuse encore mieux cette destination. Quelques-unes ont même deux trous, ce qui laisse supposer un projet de division ultérieure en deux rondelles plus petites ou un système différent de suspension. C'est M. de Baye qui eut le bonheur de rencontrer dans ses fouilles le spécimen le plus curieux de cette dernière forme.

La pratique de la suspension des rondelles crâniennes n'appartient pas seulement à l'époque néolithique, où elle a pris naissance, mais il est actuellement reconnu qu'elle a survécu à cette période et qu'elle se retrouve parmi les populations gauloises. Une autre découverte non moins intéressante de M. de Baye la met hors de doute : c'est celle d'un *torques* gaulois, dans lequel est engagée par un anneau une amulette crânienne perforée de trois trous.

Nous aurions désiré qu'à cet égard M. de Baye eût fourni des preuves suffisantes que certaines rondelles perforées appartiennent indubitablement à l'époque néolithique, car elles portent des traces d'un travail très-soigneux de polissage. Quelques-unes ont même été dédoublées, de sorte que les deux tables de l'os sont séparément limées, perforées comme une sorte de bouton. Les contours des rondelles à amulettes étaient tantôt abruptes et rugueux, comme si les fragments eussent été brusquement détachés du crâne par un instrument grossier, tantôt elles étaient lisses. Ces dernières présentaient en outre la trace évidente d'un polissage artificiel. Dans tous les cas, la surface de section est toujours plus ou moins oblique et représente invariablement un biseau, parfois même une gouttière aux dépens de la table externe de l'os (voir pl. IV, fig. 3, 4 et 5).

Les parties du crâne auxquelles on a pu rattacher ces emprunts de rondelles sont les régions latérales, les pariétaux, puis l'occipital ; très-rarement les autres os crâniens ont subi cette opération. Les parties antérieures du crâne, le coronal par exemple, paraissent avoir été toujours respectées. Quelques circonstances heureuses ont permis à M. Prunières de trouver dans le même gisement le crâne portant la perforation posthume et la rondelle qui correspondait exactement à la perte de substance. Dans d'autres trouvailles, M. Prunières rencontra des crânes portant des ouvertures énormes et dont le pourtour présentait la trace évidente de découpures posthumes. C'est à cette catégorie qu'appartient une certaine calotte crânienne, plus curieuse encore que les autres, présentant une large ouverture latérale dont les bords offrent, d'une part, des découpures nombreuses pratiquées après la mort dans le but d'en détacher des amulettes, tandis que, d'autre part, une petite étendue de l'ouverture présente une surface de section manifestement cicatrisée. Mais nous reviendrons plus loin sur cette pièce si curieuse, qui, par la série des opérations auxquelles elle a été soumise, comprend en même temps : 1° une trépanation chirurgicale pratiquée pendant la vie, et suivie de réparation, et 2° des découpures multiples pratiquées après la mort. C'était sans doute le crâne d'un individu sanctifié par une opération à laquelle il a survécu et dont les fragments ont été partagés à titre de talisman[1] (pl. III, fig. 2).

Enfin, un dernier fait non moins intéressant a surgi de ces premières recherches :

Dans l'intérieur de plusieurs crânes ayant subi la trépanation

---

[1] Une autre découverte a été faite plus récemment sur le même crâne par M. Broca : le savant anthropologiste, examinant sur cette pièce, extraordinaire à tant de titres, l'état des sutures crâniennes, remarqua bientôt que la grande suture sagittale qui partage longitudinalement le crâne d'avant en arrière avait subi un abaissement considérable du côté de la perte de substance. Cette circonstance établit une fois de plus un point sur lequel nous reviendrons plus loin, c'est-à-dire que la trépanation chirurgicale avait été effectuée chez ce sujet pendant l'enfance et que le crâne, en s'affaissant ultérieurement dans le sens de la perte de substance, avait ainsi entraîné la suture sagittale du même côté. (Voir *Bulletin de la Société d'anthropologie de Paris*, 1876. — Séance du 7 décembre.)

posthume et présentant béante la perforation pratiquée, M. Prunières a trouvé une rondelle osseuse empruntée à un autre crâne. Cette rondelle avait été introduite soit par le trou occipital, soit par l'ouverture artificielle elle-même, mais ne se rapportant en rien, ni comme forme, ni comme dimensions, à la perte de substance.

Cette dernière découverte, communiquée par M. Prunières au congrès de Lille en 1874 [1], donna lieu à une discussion de laquelle il sembla résulter que les populations de la pierre polie possédaient un rudiment d'idées religieuses ou simplement superstitieuses et qu'en introduisant dans un crâne perforé un fragment étranger on cherchait à reconstituer, dans une idée mystique, le crâne de l'individu en son entier. La rondelle devenait un *viatique*, destiné à accompagner le défunt dans une autre vie.

Tels sont les faits principaux qui sont relatifs à la trépanation posthume. La physionomie particulière des ouvertures, leur forme, leurs dimensions, le mode de découpure de leurs bords, le travail de polissage et la perforation des fragments sont des caractères qui donnent toute probabilité à la nature mystique ou religieuse de cette pratique et à l'emploi des rondelles de suspension à titre de talismans ou d'amulettes.

Ces premières considérations permettent immédiatement de distinguer ces trépanations posthumes d'une autre pratique avec laquelle on serait tenté de les confondre au premier abord : nous voulons parler de ces trous que certaines peuplades sauvages font encore, soit au sommet du crâne, soit dans la région occipitale, et qui sont destinés à suspendre à la ceinture ou à un trophée la tête d'un ennemi vaincu. Ces dernières ouvertures sont ordinairement beaucoup plus petites, tout à fait circulaires et non point ellipsoïdes; elles sont dues à une tout autre manœuvre instrumentale. Ce sont là de simples *trous de suspension*.

1° De la trépanation chirurgicale.

Lorsque les pièces diverses recueillies dans la Lozère, dans la Marne et dans d'autres régions encore purent être rassemblées et étudiées méthodiquement, M. Broca remarqua que certaines de ces perforations, au lieu de présenter des bords nettement coupés et rugueux, avaient au contraire un contour lisse et arrondi.

---

[1] Association française pour l'avancement des sciences, p. 597 et 635.

C'étaient les ouvertures que M. Prunières avait tout d'abord considérées comme ayant subi un travail de polissage ultérieur. Mais une étude plus attentive vint révéler une bien curieuse particularité : ces bords, en apparence polis, n'étaient pas perpendiculaires à la courbe de la calotte crânienne, mais obliques de dehors en dedans et offrant un biseau légèrement concave aux dépens de la table externe. En outre, l'aspect poli et lisse était évidemment le fait non d'un polissage artificiel, mais d'un travail de cicatrisation. C'était un phénomène spontané de réparation identique en tous points à celui qui succède à toute perte de substance du tissu osseux pendant la vie. Nous n'avons pas à décrire ici les caractères que donne aux surfaces des sections osseuses le travail de cicatrisation, ils sont trop connus et trop faciles à constater : les cellules du diploé sont fermées, les surfaces sont arrondies et courbes et le tissu a acquis cette compacité spéciale que lui donne l'*ostéite condensante* de la réparation spontanée.

Les perforations crâniennes ainsi reconnues comme portant la trace évidente d'une cicatrisation offraient toutefois ces caractères à des degrés variables, ce qui signifiait évidemment que les individus trépanés pendant la vie n'avaient pas survécu même le temps de l'opération. Quelques-uns présentaient une cicatrice récente; d'autres en offraient une très-ancienne. Les individus ainsi trépanés étaient indifféremment des deux sexes, mais c'étaient exclusivement des sujets jeunes, ce qui permettait de faire remonter à la période de l'enfance la date de l'opération. De cette première remarque, il faut rapprocher ce fait que les crânes d'enfants ne se retrouvent qu'en très-petit nombre dans les gisements de la pierre polie et dans les dolmens, ce qui est dû à leur grande altérabilité. Ils sont donc le plus souvent détruits. C'est là une particularité qui permettrait de conclure que la trépanation préhistorique était encore plus fréquente que ne l'établissent les pièces retrouvées, car beaucoup de crânes d'enfants trépanés et qui n'ont survécu que peu de temps après l'opération ont dû disparaître entièrement.

Quoi qu'il en soit, les ouvertures ainsi pratiquées pendant la vie avaient pour siége exclusif, de même que les trépanations posthumes, les parties latérales et postérieures du crâne; jamais la région antérieure ou frontale. La perforation est en général elliptique, et la direction oblique des bords, ainsi que la présence évidente de certaines raies à son pourtour, permet d'affirmer qu'elle était opérée par un procédé de raclage progressif de dehors en dedans jusqu'à la table interne de l'os. Cette disposition donne à l'ouverture de la table externe une dimension bien plus grande que celle de la table opposée.

Malgré l'étendue d'une telle mutilation et du travail opératoire considérable qu'elle avait dû nécessiter, un certain nombre d'individus ont donc survécu; quelques-uns même ont guéri complétement. Le plus grand nombre toutefois ne survivaient qu'un certain temps, pour succomber ensuite, soit aux conséquences ou aux complications de la trépanation, soit à toute autre cause. Dans tous les cas, lorsqu'un individu préalablement trépané venait à décéder, sa dépouille acquérait sans doute des propriétés particulières, car c'est alors que survenait de nouveau la pratique des trépanations posthumes et que son crâne était découpé en fragments, destinés à être distribués ou peut-être vendus comme talismans.

Cette fragmentation nous a été révélée en particulier par la pièce citée plus haut, représentée planche III, figure 2, et dont la signification a été si curieusement découverte par M. Broca; les fragments ou rondelles devaient sans doute, pour acquérir une valeur réelle, être taillés sur le pourtour même de la plaie osseuse cicatrisée, c'est-à-dire comprenant une partie de ce bord en même temps qu'une fraction plus ou moins étendue de ce pourtour. Quelques crânes offraient à cet égard des particularités très-intéressantes. Ainsi, autour d'une perforation chirurgicale cicatrisée, on reconnut que les sections avaient été pratiquées et avaient détaché déjà plusieurs rondelles; puis, sur un point particulier, on remarquait la présence de tentatives de sections restées interrompues, comme si on avait renoncé à les pratiquer. Peut-être la convention relative à la cession ou à la vente de ce talisman avait-elle été rompue ou le caractère religieux du sujet contesté.

Cette étrange pratique renferme évidemment bien des mystères que la suite des recherches dissipera peut-être, mais il reste désormais établi que les populations de la pierre polie, aussi bien celles du premier temps de cette période (caverne de *l'Homme-Mort*) que celles des dolmens (Lozère), pratiquaient la trépanation sur le vivant.

Maintenant, il est un problème bien plus curieux encore à

aborder : c'est celui de la raison ou du but qui portait nos ancêtres à pratiquer ainsi la trépanation sur le vivant. C'est dans la recherche de ce délicat problème que **M. Broca** a fait preuve d'une sagacité très-grande : aussi l'hypothèse émise par lui à cet égard a-t-elle rencontré dans le congrès une approbation presque unanime.

Rappelant alors que l'opération dont il est question se pratiquait exclusivement sur les enfants, il la rapproche d'abord de certaines pratiques, sinon mystiques, du moins purement médicales, encore usitées aujourd'hui : on sait en effet que les bergers ont coutume de faire sur le crâne des moutons affectés du *tournis* une ouverture qui n'est autre qu'une véritable trépanation. C'est en plaçant la tête du mouton entre les jambes qu'ils exécutent cette ouverture au moyen d'un couteau qu'ils font tourner de manière à racler le tissu osseux jusqu'à la cavité crânienne. D'autre part, on sait que certains peuples de l'Océanie[1] possèdent, comme pratique médicale courante contre certains maux de tête et autres maladies supposées cérébrales, la trépanation, qu'ils effectuent en raclant aussi le crâne couche par couche[2].

C'est par un rapprochement fondé sur ces derniers faits que M. Broca a émis l'hypothèse que la trépanation néolithique était dirigée contre certaines maladies nerveuses, l'épilepsie par exemple, les convulsions, la méningite, etc. Cette supposition fort ingénieuse avait été présentée une première fois par l'éminent professeur à la Société d'anthropologie de Paris, où elle fut l'objet d'une discussion à laquelle nous avons eu l'avantage de prendre part personnellement[3]. Nous proposâmes en effet un moyen

---

[1] Voyez Sanson, *Bulletin de la Société d'anthropologie*, 1876, p. 238.

[2] Il n'est pas nécessaire d'ailleurs de recourir aux traditions des peuplades sauvages de l'Amérique ou de l'Océanie pour retrouver la trace de pratiques semblables, et la trépanation du crâne s'effectue encore couramment de nos jours chez certains peuples européens, les Monténégrins par exemple. Le docteur Boulongue, qui a passé deux ans au Monténégro en qualité de médecin militaire français, raconte que cette opération s'emploie, soit à la suite de simples contusions et dans l'idée d'un épanchement intra-crânien, soit dans le but de guérir de simples névralgies. L'instrument employé est le trépan à main (tréfine). Quelques individus sont ainsi trépanés trois, quatre et jusqu'à huit fois; les cas de mort sont rares. (Boulongue, *Le Monténégro et ses habitants*, Paris, 1869, p. 44 et suivantes.)

[3] Voyez *Bulletin de la Société d'anthropologie*, 1876, p. 251.

de confirmation de l'idée de M. Broca, moyen basé sur l'existence d'une certaine lésion qui se rattache aux affections convulsives de l'enfance et qui laisse pendant la vie une trace indélébile : c'est l'*érosion* de la couronne des dents permanentes. Quelques pièces semblent déjà confirmer cette idée, car un groupe de dents recueillies dans les mêmes gisements que les crânes trépanés portent incontestablement la trace de la lésion dont il s'agit.

Une tentative de thérapeutique contre certaines affections nerveuses se trouverait donc établie dans les temps préhistoriques par ces divers documents; mais il resterait à déterminer le but de cette autre pratique qui consistait à découper un crâne ainsi perforé et cicatrisé en divers fragments ou *amulettes*. Or il convient de rappeler à cet égard que les anciens, et Hippocrate en particulier, considéraient l'épilepsie ou l'éclampsie comme une maladie sainte. C'était une *possession* due à la présence d'un *esprit qui s'agitait dans le corps.* Une ouverture au crâne devait donc avoir pour but de donner issue à cet esprit. Mais, en outre, la présence d'un dieu ou d'un démon devait sanctifier pour toujours l'individu, de sorte qu'un fragment de son crâne taillé sur les bords même de l'ouverture pouvait acquérir une propriété considérable comme amulette : il devait sans doute préserver ceux qui le portaient des atteintes de ces esprits. On retrouve encore aujourd'hui trop de préjugés ou de superstitions analogues pour se refuser à attribuer les mêmes croyances aux peuples primitifs.

En ce qui concerne le manuel opératoire par lequel s'effectuait la trépanation chirurgicale, c'était incontestablement au moyen d'un instrument à tranchant fin et délicat que s'opérait le raclage progressif et couche par couche de la boite crânienne. Les silex de l'époque néolithique, et aussi d'autres substances, comme l'obsidienne ou verre volcanique, donnent parfaitement la raison d'une telle pratique, en même temps que la physionomie même des ouvertures témoigne clairement de cet emploi. Du reste, dans des expériences plus récentes[1], M. Broca a tenté de reproduire avec le silex et le verre des ouvertures sur le crâne humain d'abord dépouillé, sur un point, du cuir chevelu et du périoste. Ces expériences établissent que le procédé du raclage permet, sur un crâne d'enfant, de réaliser très-rapidement (en dix minutes ou un quart

---

[1] *Bulletin de la Société d'anthropologie*, 1876, séance du 14 novembre.

d'heure) une perforation comparable à celle des trépanations préhistoriques [1].

Ce procédé de raclage a été ainsi retrouvé de la manière la plus évidente pour les perforations pratiquées soit pendant la vie, soit après la mort. Quant aux découpures de rondelles, elles étaient effectuées par le silex manié en manière de couteau ou de scie et opérant perpendiculairement à l'ouverture de trépanation et à la courbe du segment crânien correspondant.

CONCLUSIONS.

L'ensemble des faits relatifs à la question des trépanations préhistoriques nous paraît justifier les conclusions suivantes :

1° Les populations de l'époque néolithique pratiquaient sur le crâne humain des ouvertures artificielles.

2° Certaines de ces ouvertures étaient faites après la mort et avaient pour but de découper le crâne en fragments auxquels la superstition attachait sans doute une propriété particulière, car ils étaient portés par un procédé de suspension à titre d'amulettes.

3° D'autres ouvertures étaient effectuées pendant la vie et sur des sujets jeunes des deux sexes, dans le but supposé de guérir certaines maladies convulsives, l'épilepsie ou l'éclampsie.

4° Une série de documents permet de reconnaître que les crânes trépanés pendant la vie devenaient sans doute sacrés après la mort, et ceux-ci étaient alors découpés à leur tour en fragments destinés à être portés.

5° La trépanation posthume était donc pratiquée soit d'emblée après la mort, soit consécutivement à la trépanation chirurgicale et sur l'individu décédé à la suite de cette opération.

6° Les instruments appliqués à la pratique de ces opérations étaient en silex ou en substances analogues. Ils opéraient par raclage

[1] M. Broca a en outre réalisé dernièrement sur un jeune chien la trépanation du crâne à la manière préhistorique, c'est-à-dire avec le silex. L'opération s'est effectuée très-rapidement et très-facilement et l'animal a parfaitement guéri. Celui-ci étant mort quelques semaines après, d'un accident indépendant de l'opération, l'autopsie fit reconnaître un commencement de réparation osseuse tout à fait comparable à celle qui s'observe sur les crânes humains trépanés aux temps préhistoriques. (Voir *Bulletin de la Société d'anthropologie*, 1877, p. 400.)

progressif pour la formation des ouvertures, et ils étaient maniés ensuite en manière de couteaux ou de scies pour la découpure des fragments.

D

DU MÉCANISME DES MIGRATIONS EN GÉNÉRAL.

L'un des correspondants du Ministère de l'instruction publique, chargé d'une mission scientifique dans la Russie d'Asie, M. de Ujfalvy, se trouvant à Pesth à l'époque du congrès, a porté devant l'assemblée le problème du mécanisme, de la progression, des substitutions et des mélanges des populations primitives.

Nous ne dirons que peu de mots sur une communication qu'on doit considérer comme purement théorique, car les faits ethnologiques sur lesquels elle a été appuyée ont été contestés par un des membres de l'assemblée et il a paru en définitive résulter de la discussion que l'hypothèse de l'auteur repose plus exactement sur une idée spéculative que sur des faits rigoureusement démontrés.

Ce n'est pas la première fois, d'ailleurs, que le mécanisme des migrations, en général, a été l'objet de recherches. Une première tentative de ce genre a été présentée par M. Tardy au congrès de Bruxelles ; elle était appliquée aux migrations de la période historique, celles des Francs, des Gaulois, des Turcs, des Hellènes, etc.

M. de Ujfalvy a été conduit par une pensée analogue quand il a cherché à établir les phénomènes des migrations des populations dites *altaïques* ou *touraniennes*.

C'est alors que, supposant une presqu'île inhabitée, il y a fait pénétrer successivement plusieurs groupes ethniques distincts et il a cherché à établir les lois des mélanges, des luttes et jusqu'aux procédés de destruction des populations envahies par les groupes envahissants.

L'auteur croit avoir trouvé dans les populations de la Styrie et dans celles du Vorarlberg (Tyrol), par rapport à la vallée du Danube, des arguments en faveur de sa théorie. C'est ainsi qu'il prétend, d'après les recherches de M. Bergsmann et du général de Hanslab, que cette dernière région a été primitivement occupée par une population germanique, puis qu'une couche slave est intervenue ensuite, pour être refoulée à son tour par un nouvel élément germanique.

Ce sont là, nous le répétons, des données trop théoriques pour être acceptées sans restrictions. Aussi n'ont-elles pu être accueillies par le congrès que sous bénéfice d'inventaire et à titre de simple document provisoire sur la question du mécanisme général des migrations humaines.

SECONDE SÉRIE.

QUESTIONS D'ANTHROPOLOGIE SPÉCIALE.

A.

DE L'ORIGINE ET DE LA DISTRIBUTION DE LA RACE BLONDE ET DE LA RACE BRUNE EN ALLEMAGNE.

La Société d'anthropologie de Berlin, dont M. le professeur Virchow est le président, a ouvert, depuis plusieurs années, une enquête à l'effet de déterminer la répartition des deux éléments ethniques, blonds et bruns, dans l'Allemagne du Nord. Cette enquête devait porter, à la fois, sur la couleur des cheveux et sur celle de la pupille, les deux caractères étant, comme on sait, en corrélation presque constante.

C'est au moyen d'un questionnaire uniforme, adressé à toutes les écoles de l'Empire, que le recensement a été dressé, et une série de cartes soumises au congrès montre les points où prédomine telle ou telle race.

On y remarque tout d'abord que les teintes claires, relatives aux individus blonds, sont plus marquées et plus nombreuses dans le nord, tandis que les teintes foncées, indiquant les populations brunes, s'affirment davantage dans le sud. C'est ainsi qu'en prolongeant ces deux directions, on arrive aux degrés extrêmes de fréquence et d'intensité des deux caractères.

Les conséquences de ces études s'indiquent d'elles-mêmes :

On voit d'abord une prédominance notable dans l'élément blond, si l'on considère l'Allemagne septentrionale dans son ensemble.

On reconnaît ensuite que les deux éléments opposés ont dû

avoir une provenance très-différente : la race blonde est venue du nord, tandis que la brune est de provenance méridionale.

De tels résultats sont précieux à enregistrer, et ils viennent très-heureusement confirmer, sur divers points, les documents déjà acquis sur l'ethnologie et l'ethnogénie de l'Europe.

On sait que c'est en France qu'a été inauguré ce système de recherches et d'enquêtes sur les différents caractères distinctifs des groupes ethniques. Telles sont les statistiques et les cartes de Broca sur la répartition de la taille dans la population française, celles de Boudin, de MM. Devot, Sistach, et les nôtres sur les causes d'exemption du service militaire[1], les difformités, les diathèses, etc.

Toutes les recherches faites en France étaient basées sur des documents précis et même officiels. Ils étaient fournis par les tables du recrutement de l'armée, qui enregistrent, comme on sait, les conditions de la taille et un certain nombre de difformités ou de maladies incompatibles avec le service militaire. L'époque de ces observations était uniforme, puisque le recrutement s'effectue sur des sujets de vingt ans, c'est-à-dire parvenus à l'âge adulte.

Cette particularité établit tout d'abord une distinction entre les recherches faites en France et celles qui ont été entreprises en Allemagne par M. Virchow, car la population des écoles se compose d'enfants d'âge extrêmement variable et chez lesquels la plupart des caractères physiques n'ont pas encore acquis leur état permanent.

Les observateurs français n'ont pas songé pour cette raison à s'adresser à la population des écoles, et cependant le personnel des lycées pourrait être facilement utilisé à ce point de vue. Les tables du recrutement sont donc infiniment préférables, et, malgré les lacunes nombreuses qu'elles contiennent, elles ont fourni des documents précieux. C'est ainsi que Broca et Lagneau, dans leurs cartes de la répartition de la taille en France, ont pu remonter jusqu'à l'origine des deux races principales qui peuplent notre sol.

Ces deux races, déjà distinguées par Amédée Thierry et par

[1] Voyez Broca, *De l'anthropologie de la France* (*Mémoires de la Société d'anthropologie*, t. I, p. 1, et t. III, p. 147; *Bulletin de la Société d'anthropologie*, t. I, 1859, p. 6); Boudin, *Géographie et statistique médicale*, Paris, 1857 t. II; Devot, *Compte rendu sur le recrutement*, thèse inaugurale, 1855, p. 20; Magitot, *Recherches ethnologiques et statistiques sur les altérations du système dentaire* (*Bulletin de la Société d'anthropologie*, t. II, 2° série 1867, p. 71).

William Edwards, conservent donc encore aujourd'hui, malgré les croisements et les mélanges, des caractères assez tranchés pour être séparées assez nettement : l'une, qui est de grande taille, occupe les départements du Nord et de l'Ouest; l'autre, de petite taille, se retrouve dans les régions du Sud et du Sud-Est et dans un îlot détaché, la péninsule armoricaine. La première représente les Gaulois de race kimrique (confédération des Belges); l'autre, les Gaulois de race celtique (confédération des Celtes).

La différence des teintes, dans la carte de Broca, mettait exactement sous les yeux la répartition géographique des deux confédérations gauloises au temps de Jules César [1].

Nous devons ajouter que les recherches sur la taille n'ont pas encore été entreprises ailleurs qu'en France ; il serait cependant facile de dresser des statistiques et des cartes analogues dans différents pays qui ont des armées permanentes et un recrutement régulier. La Société d'anthropologie de Berlin et son président, qui occupe, comme on sait, une situation politique, seraient assurément bien en mesure d'entreprendre un tel travail. Pareille tentative pourrait être faite utilement en Italie, où déjà l'élément brun se rattache assez nettement à une émigration celtique venue par le Danube.

Quant à la couleur des yeux et des cheveux, caractère non moins précis assurément que la taille, nous n'avons pas recueilli jusqu'à ce jour en France d'observations précises. Il n'existe à cet égard que des renseignements isolés. William Edwards cependant, dès 1827, avait fourni quelques faits confirmés depuis de divers côtés, et desquels il résulte que les yeux et les cheveux de couleur claire sont relativement beaucoup plus communs dans les départements kimriques que dans les départements celtiques. Nous pouvons donc affirmer avec presque certitude que la race kimrique était blonde et que la race celtique était brune. Il y a, il est vrai, partout des bruns et des blonds, ce qui est le résultat des mélanges des races primitives; mais on pourrait précisément établir le degré de ces mélanges, c'est-à-dire la prédominance d'influence de tel ou tel élément primitif.

Un pareil résultat ne serait possible que dans une enquête por-

---

[1] Voir Broca, *sur l'ethnologie de la France*, *Mémoires de la Société d'anthropologie*, t. 1, 1861-63, p. 56, 1869.

tant, suivant un procédé uniforme, dans chaque région déter
minée.

Les conseils de révision pourraient seuls fournir les éléments
d'une statistique semblable. La chose serait bien simple : une co-
lonne d'observations ajoutée à celles qui composent la feuille de
renseignements de chaque conscrit. M. Broca l'a déjà sollicitée de
l'administration de la Guerre, mais sans succès.

Jusque-là il faut s'abstenir de toute conclusion fondée sur le
caractère ethnologique de la coloration des yeux et des cheveux.
Les résultats fournis par M. Virchow, assurément précieux dans
leur ensemble, doivent donc être enregistrés avec certaines réserves.
On sait, en effet, que l'âge où la couleur des cheveux cesse de
changer est extrêmement variable suivant les individus : tel garde
pendant toute sa vie la couleur des cheveux qu'il avait à sa naissance; chez un grand nombre, ainsi que le fit remarquer au
congrès M. de Pulszky, la couleur blonde de la première enfance
fait place à une couleur qui, s'assombrissant peu à peu, arrive au
noir proprement dit; quelques autres enfin, après avoir eu des
cheveux tout à fait noirs à la naissance, sont devenus d'un blond
plus ou moins clair.

Ces observations, que chacun a pu répéter dans son propre
pays, prouvent la variabilité extrême qu'éprouve pendant l'enfance le caractère tiré de la coloration des yeux et des cheveux,
et la nécessité d'attendre, pour enregistrer de tels documents statistiques, l'époque de permanence et de fixité des conditions physiques, c'est-à-dire l'âge adulte.

Il y aurait à mentionner encore diverses autres particularités
relatives aux conditions de la chevelure, comme par exemple
l'état lisse ou soyeux, frisé ou crépu, la disposition de la région
chevelue, celle des insertions, la forme arrondie ou ovalaire de la
coupe examinée au microscope, etc. Ces faits sont fort peu connus;
dernièrement M. de Watteville nous signalait deux particularités
fort curieuses : la première est relative à la coloration franchement
verdâtre des cheveux chez les nouveau-nés en Alsace; la seconde,
c'est la calvitie précoce dans la race slave.

L'ethnographie de la chevelure, au point de vue de sa forme,
de sa coloration et de ses conditions diverses, reste donc jusqu'à
présent fort obscure.

CONCLUSIONS.

De la communication faite au congrès de Pesth par le professeur Virchow et de la discussion qui a suivi, on peut conclure :

1° Que le recensement effectué dans les écoles d'Allemagne à
l'aide des formulaires, et représenté par des cartes teintées, tend
à indiquer l'existence de deux éléments ethniques différents, l'un
blond, l'autre brun;

2° Que la recherche des origines de ces deux races conduirait
à établir que la race blonde est venue du nord, et la race brune
du sud;

3° Que la comparaison de ces recherches avec les études poursuivies en France sur le même sujet par différents observateurs,
M. Broca entre autres, permet d'attribuer, au moins provisoirement, le courant blond du nord aux populations kimriques, tandis
que le courant brun du sud serait de provenance celtique;

4° Que les résultats de l'enquête germanique faite par M. Virchow ne sauraient toutefois être regardés comme définitifs, car
ils reposent sur des observations de sujets jeunes, chez lesquels les
conditions de coloration de la chevelure n'ont pas acquis leur permanence;

5° Qu'il conviendra de reprendre ces observations sur les
adultes au moyen des tables de la conscription, et qu'il serait trèsimportant d'étendre ce travail à tous les peuples;

6° Que jusqu'ici il paraît prématuré de tenter d'établir sur
de tels caractères les rapports aussi bien entre les populations
actuelles de l'Europe qu'entre celles-ci et les populations préhistoriques.

B.

ETHNOGRAPHIE DE LA HONGRIE.

Plusieurs mémoires sur l'origine et les caractères du peuple
hongrois ont été communiqués au congrès de Pesth. Nous nous
bornerons à citer ici celui de M. Paul Hunfalvy sur *l'antiquité des
Hongrois* et un autre de M. Scheiber sur la *taille moyenne des
hommes en Hongrie.*

Disons tout de suite que les deux auteurs sont arrivés à des résultats identiques au point de vue des provenances ethniques, c'est à-dire à l'origine finnoise des Hongrois.

Toutefois les procédés d'investigation employés par ces explorateurs ont été fort différents : ainsi M. Hunfalvy a cherché à résoudre le problème par la linguistique, tandis que son collègue a envisagé la question par un côté purement anthropologique, les conditions de la taille.

L'étude de linguistique comparée présentée par M. Hunfalvy nous a paru assez intéressante pour être analysée ici : ainsi, prenant pour point de départ l'état présent de la Hongrie, il reconnaît que la langue y trahit tout d'abord une puissante influence de la langue slavonne, dont on retrouve dans le hongrois un grand nombre de mots. Cette influence s'explique par l'absorption d'une population slavonne qui habitait le pays quand arrivèrent les Hongrois. Ceux-ci, du reste, y trouvèrent aussi les Avares; mais l'auteur remarque que l'effet de l'absorption de ces derniers n'est pas sensible dans la langue hongroise, soit que les Avares aient été déjà slavonisés, soit que les deux idiomes fussent tellement congénères que les traces en deviennent inappréciables dans le hongrois.

En remontant plus haut dans le temps, on observe une autre influence linguistique, l'influence turque, s'accusant très-visiblement par des désinences analogues qui sont en *r* dans le hongrois et en *z* dans le turc; mais M. Hunfalvy constate ensuite que les formes hongroises n'ont pas été empruntées à l'osmanli, mais sans doute à une langue comme le tchouvache, où la désinence dans les mêmes mots est précisément l'*r*. Or cet idiome tchouvache serait la langue des Chazars ou Kabars, tribu qui se serait réunie aux Hongrois dans une station sur les bords de la mer Noire, selon le témoignage de Constantin Porphyrogénète.

Poursuivant ainsi son chemin d'exploration, M. Hunfalvy rencontre enfin les peuples ougriens proprement dits et les peuples finnois. Les analogies sont des plus frappantes : les termes de mensuration sont simples et identiques; les nombres s'étendent de 1 à 7 par un système que l'auteur appelle *heptadique;* les autres chiffres n'étaient point désignés et se composaient, dans les deux langues, par voie d'addition ou de soustraction.

Ce n'est donc que plus tard que les peuples ougriens et finnois furent contraints d'accepter le système décadique, mais à une époque où ils étaient déjà désunis; aussi, à partir de ce moment, les termes de numération autres que ceux de la série de 1 à 7 devinrent tout à fait différents.

L'union des peuples finnois et ougriens est donc le dernier terme où s'arrête l'investigation linguistique entre les mains de M. Hunfalvy; mais c'est aussi de cette circonstance que datent, suivant lui, la genèse et la constitution de tout ce qui fait l'âme et le génie de la langue et de la nation hongroises.

Les premiers éléments de la religion primitive remontent encore à cette époque, et, en outre, tous les termes adoptés pendant l'époque finnoise-ougrienne pour désigner les ustensiles de chasse et de pêche présentent une identité frappante chez ces peuples essentiellement chasseurs et pêcheurs.

Quant à établir les limites de l'apparition et de la durée de ces peuples dans l'histoire, M. Hunfalvy déclare la linguistique impuissante à les fixer. Il est cependant certain que les Celtes, les Germains, les Slaves, ont précédé en Europe les Finnois et les Hongrois. Ces nations sont donc les dernières arrivées dans le pays, et la conclusion qu'on peut tirer de ces considérations, c'est que le peuple hongrois est relativement jeune, et en possession de toute sa vitalité.

Dans sa communication sur *la taille moyenne des hommes en Hongrie*, M. Scheiber commence par contester à la linguistique une valeur suffisante pour résoudre le problème des origines du peuple hongrois. Cette appréciation, tout absolue qu'elle paraît, s'adresserait d'ailleurs aussi fortement à tout autre procédé isolé d'investigation. Il est bien évident, en effet, que, dans la recherche si complexe des origines des peuples, les éléments doivent être empruntés à la fois à toutes les sources, et c'est ainsi que la linguistique, l'ethnographie et l'anthropologie doivent être invoquées dans leurs rapports de concordance, en vue d'une solution unique. La science moderne ne procède plus par exclusion : c'est là une méthode condamnée à la stérilité. L'insuffisance des résultats auxquels sont arrivés par des voies différentes les deux savants auteurs hongrois en est une preuve nouvelle.

M. Scheiber a donc procédé, dans sa recherche des origines du peuple hongrois, par une étude attentive et minutieuse des conditions de la taille, étude rendue facile d'ailleurs par l'état des tables de recrutement de l'armée dans un pays où la statistique a fait, dans ces derniers temps, de réels progrès.

Les tableaux dressés par l'auteur comprennent une période de *trois années* (1866, 1867, 1868) et un ensemble de conscrits âgés de 20 ans; le nombre des sujets examinés a été de près de 80,000.

Les relevés sont présentés sous divers rapports :

1° La croissance en général et en comparaison avec celle des recrues de tous les pays;

2° La taille des hommes dans les différents comitats;

3° La taille dans les villes et dans les communes rurales;

4° La taille comparée à celle de différentes nationalités.

Or la Hongrie offre, comme on sait, un mélange de diverses nationalités qu'on peut et qu'on doit, au point de vue de la taille, différencier et envisager comparativement. On y rencontre des *Hongrois*, des *Allemands*, des *Slaves* et des *Juifs*, et il est remarquable que, pour des raisons politiques ou religieuses, les mélanges de ces divers éléments sont plus rares qu'on ne serait tenté de le supposer.

La répartition de la taille a donné les résultats suivants en moyenne :

Hongrois	1^m,619
Juifs	1 ,632
Allemands	1 ,646
Slaves	1 ,646

Ce qui donne, pour moyenne générale des différentes races en Hongrie, 1^m,635.

Si maintenant on compare ces données aux résultats acquis pour les autres pays d'Europe, voici ce qu'on trouve :

TAILLE MOYENNE :

Allemands et Slaves de Hongrie, à 20 ans	1^m,646
Belges, à 20 ans	1 ,645
Français, à 20 ans	1 ,637
Juifs de Hongrie, à 20 ans	1 ,631
Italiens, à 19 ans	1 ,620
Hongrois, à 20 ans	1 ,619

Les Hongrois sont donc, de tous les peuples désignés dans ce tableau, ceux qui ont la plus petite taille; seuls, les Italiens s'en rapprochent sensiblement; mais en considérant que le chiffre attribué à ceux-ci s'applique aux hommes de 19 ans, il en résulte encore une petite différence additionnelle en faveur des Italiens. On sait, en effet, d'après Quetelet, que la croissance des hommes de 19 à 20 ans est en moyenne de 7 millimètres, ce qui donne pour l'homme de 20 ans en Italie la taille de 1^m,627, soit 8 millimètres de plus que la taille moyenne des Hongrois.

Or quelle est, en définitive, la race de laquelle, au point de vue de la taille, se rapprochent le plus les Hongrois? C'est la race finnoise, et ainsi M. Scheiber se trouve amené aux mêmes conclusions que son collègue M. Hunfalvy, en rattachant aux Finnois les origines du peuple hongrois.

C.

QUESTIONS DIVERSES.

Les descriptions qu'on vient de lire comprennent les principales communications ethnographiques et anthropologiques développées ou seulement présentées au congrès de Pesth. Nous pourrions borner là notre analyse, déjà très-étendue, si nous ne voulions indiquer encore plusieurs travaux qui, bien que beaucoup moins importants, méritent au moins une mention dans ce rapport.

Telle est, par exemple, la communication de M. le docteur Kopernicki au sujet des observations faites par lui sur les crânes préhistoriques de l'ancienne Pologne.

De ces études se dégage un point capital, c'est que les populations primitives de l'ancien royaume étaient *brachycéphales*, tandis qu'aujourd'hui la majeure partie de ses habitants sont *dolichocéphales*. Il résulte certainement, de cette première remarque, qu'à l'élément ethnique primitif ont succédé d'autres couches jusqu'à la population actuelle, qui est de race slave. MM. Kollmann et Broca sont tentés de retrouver dans ce fait de la brachycéphalie primitive un rapprochement avec la race celtique : ce serait conséquemment à cet élément qu'appartiendrait le peuple préhistorique de l'ancienne Pologne.

Enfin nous devons dire quelques mots des excursions organisées dans le pays avec beaucoup de bonheur par le groupe de savants hongrois organisateurs du congrès. Ces excursions, bien que souvent consacrées à des réceptions et à des fêtes brillantes, offraient cependant un certain caractère scientifique.

C'est ainsi que le congrès fut conduit vers des gisements fort intéressants : quelques-uns correspondaient à des sépultures de l'époque du bronze ou de celle du fer ; mais le plus grand nombre appartenaient à des temps historiques, les invasions des Avares et les premières phases de l'occupation romaine.

Quelques régions, parmi celles qui étaient soupçonnées à l'avance, avaient été simplement indiquées et sondées, et le congrès fut ainsi invité à pratiquer des fouilles qui furent plusieurs fois l'occasion de découvertes intéressantes ; il en fut ainsi dans l'excursion d'Hatvan (comitat de Hevès), dans celle de Erd et de Mayarad. Elles nous ont permis de vérifier les connaissances acquises sur les habitations et le mode de sépulture des époques du bronze et du fer. Aucune de celles qui nous furent soumises ne correspondait aux époques néolithiques ou paléolithiques, lesquelles sont, comme on sait, si rares en Hongrie, que leur existence est encore contestée aujourd'hui par plusieurs auteurs.

Quant aux fêtes qui nous ont été offertes de tous côtés dans ce pays généreux, nous n'en parlerons pas ici. Disons seulement, pour terminer, que la session de Pesth fut, à la fois par son importance et son éclat, digne de ses aînées. Présidée par un savant distingué, M. de Pulszky, dirigée par le professeur Romer, soutenue par l'ardeur scientifique des savants les plus autorisés accourus de tous les points de l'Europe, elle marquera une grande époque dans les annales de l'anthropologie et de l'archéologie préhistoriques. L'hospitalité cordiale des savants hongrois, l'accueil chaleureux de toutes les autorités et de la nation entière, ont excité de notre part la plus vive sympathie et développé en nous un sentiment de reconnaissance à la fois profond et durable. Nous pouvons donc dire, en terminant, que le congrès de Pesth a bien mérité de la science.

J'ai l'honneur d'être, Monsieur le Ministre, avec un profond respect, votre très-obéissant serviteur.

Dr E. MAGITOT.

15 janvier 1877.

EXPLICATION DES PLANCHES.

PLANCHE I.

Fig. 1. — Extrémité inférieure d'une côte de *Balænotus insignis* (Van Beneden) trouvée dans une couche de terrain pliocène de Poggiarone, près de Monte Aperto (Toscane); demi-grandeur. On y voit les entailles droites et courbes attribuées à l'action du silex manié par la main de l'homme (Capellini).

Fig. 2. — Extrémité inférieure d'une autre côte droite du même animal, vue également par sa face externe; demi-grandeur. On y voit les mêmes entailles que dans la figure 1 (Capellini).

Fig. 3. — Entailles artificielles pratiquées expérimentalement, avec le rostre de l'espadon, sur une côte de baleine jeune actuelle, macérée dans l'eau pendant huit jours. Les entailles ainsi obtenues sont, ainsi qu'on peut le voir, identiques de forme, de direction et de profondeur à celles des figures 1 et 2, attribuées à l'action du silex humain des temps tertiaires. Demi-nature.

PLANCHE II.

Déformation macrocéphalique double sur un crâne trouvé à Mtzketa, près Tiflis, dans le Caucase, par M. Smirnon. Demi-nature.

PLANCHE III.

Fig. 1. — Amulette à demi régulière, trouvée à l'intérieur d'un crâne perforé des *Cibournios* ou *tombeaux des Poulacres*. Le bord gauche est falciforme et cicatrisé. Le bord supérieur a été arrondi et façonné avec soin comme la circonférence des amulettes régulières. L'angle de droite et une partie du bord qui y aboutit sont cassés. (M. Prunières.)

Fig. 2. — Crâne perforé du même dolmen, demi-nature : *a b*, bord falciforme, cicatrisé; *d*, trépanation chirurgicale pratiquée dans l'enfance sur le bord sagittal du pariétal gauche; *a c, b d*, grandes échancrures de la trépanation posthume, pratiquée en avant et en arrière de l'ouverture cicatrisée. La suture sagittale, au lieu de suivre la ligne médiane du crâne, a subi une forte inclinaison vers la perte de substance. (Pièce du musée de l'Institut anthropologique, donnée par M. Prunières.)

PLANCHE IV.

Fig. 1. — Trépanation chirurgicale sur un crâne de la caverne de l'Homme-Mort (Lozère); demi-nature. (Collection de M. Prunières.)

Fig. 2. — Trépanation chirurgicale sur la suture coronale (collection de Baye), d'après un moule; demi-nature.

Fig. 3. — Rondelle crânienne posthume ayant subi un travail de polissage artificiel.

Fig. 4. — Amulette à bord falciforme provenant du dolmen de la Galline (Lozère; grandeur naturelle. La partie *a* du bord concave est taillée en biseau mince falciforme et cicatrisé. Le reste de la circonférence de l'amulette a été taillé par sections posthumes. Les stries de la surface indiquent un commencement de travail de section par le silex et resté interrompu. (Collection de M. Prunières.)

Fig. 5. — Amulette à encoche de suspension provenant du dolmen de la Cave-des-Fées (Lozère). Le bord supérieur fait partie d'une suture; le bord gauche est cassé; les autres bords sont coupés; demi-grandeur. (Collection de M. Prunières.)

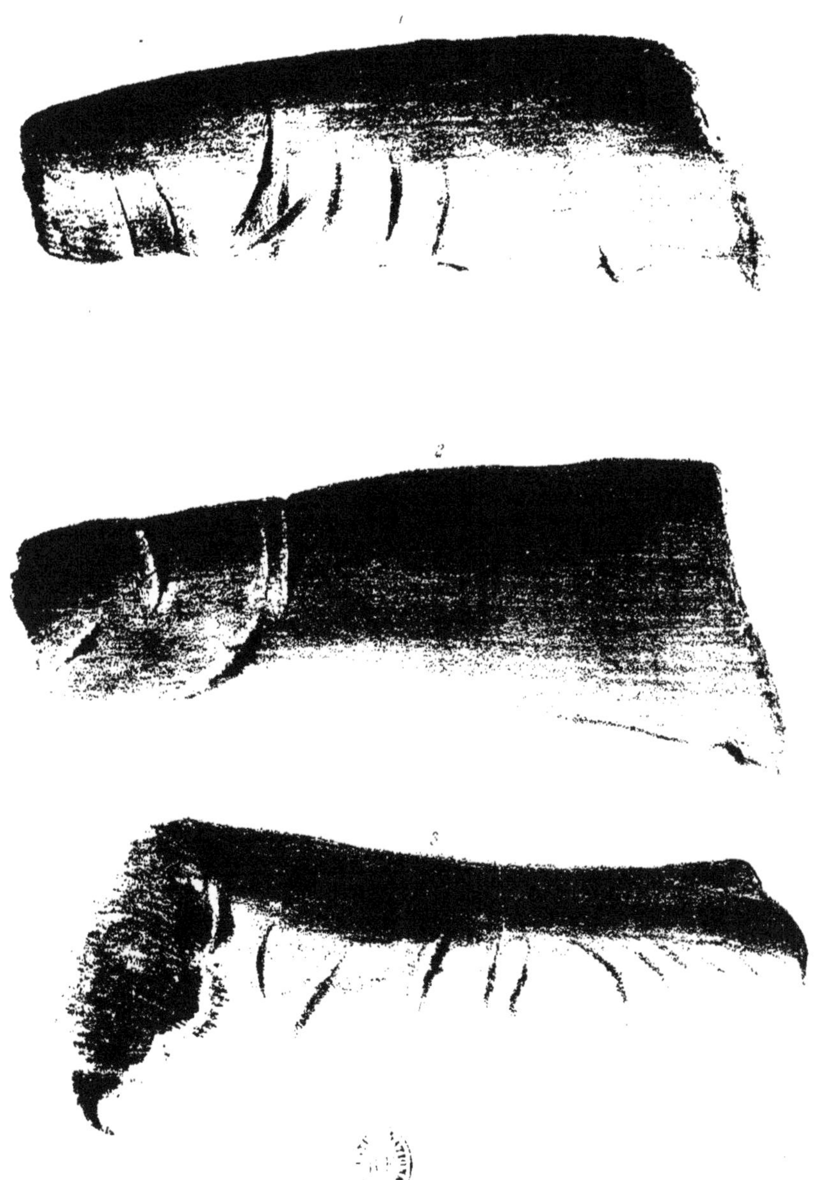

1
2
3

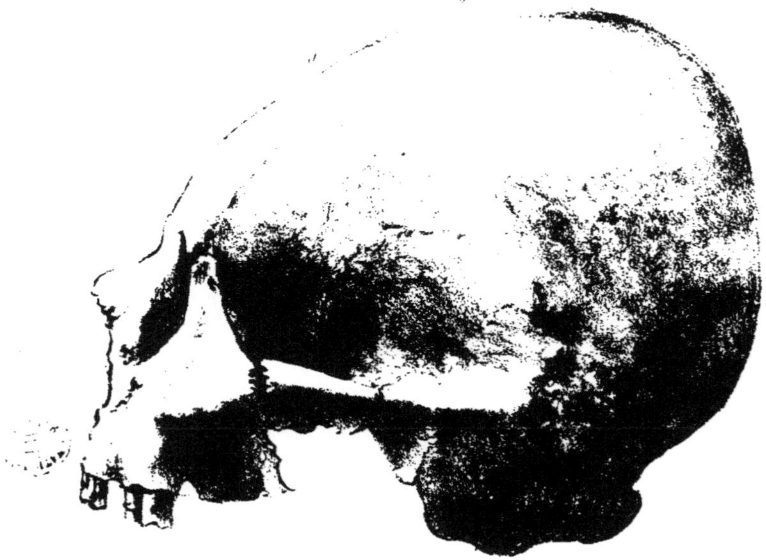

[illegible]

Imp. Lemercier & Cie Paris

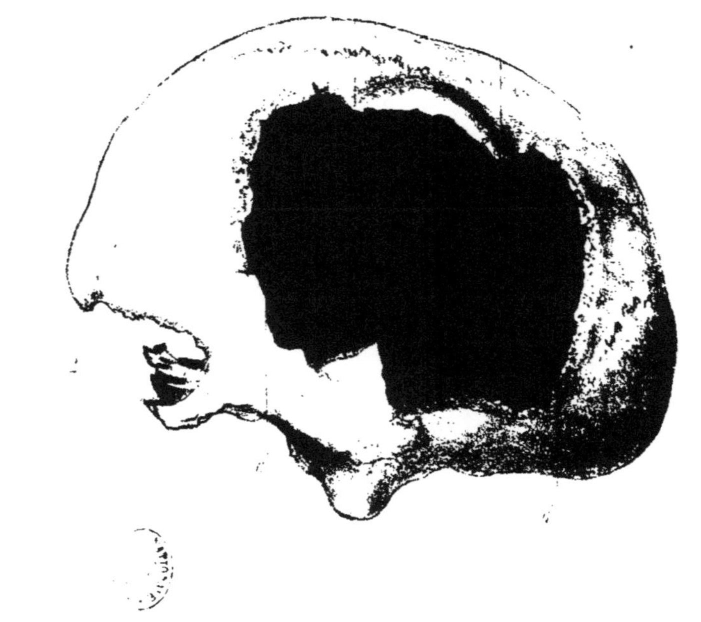

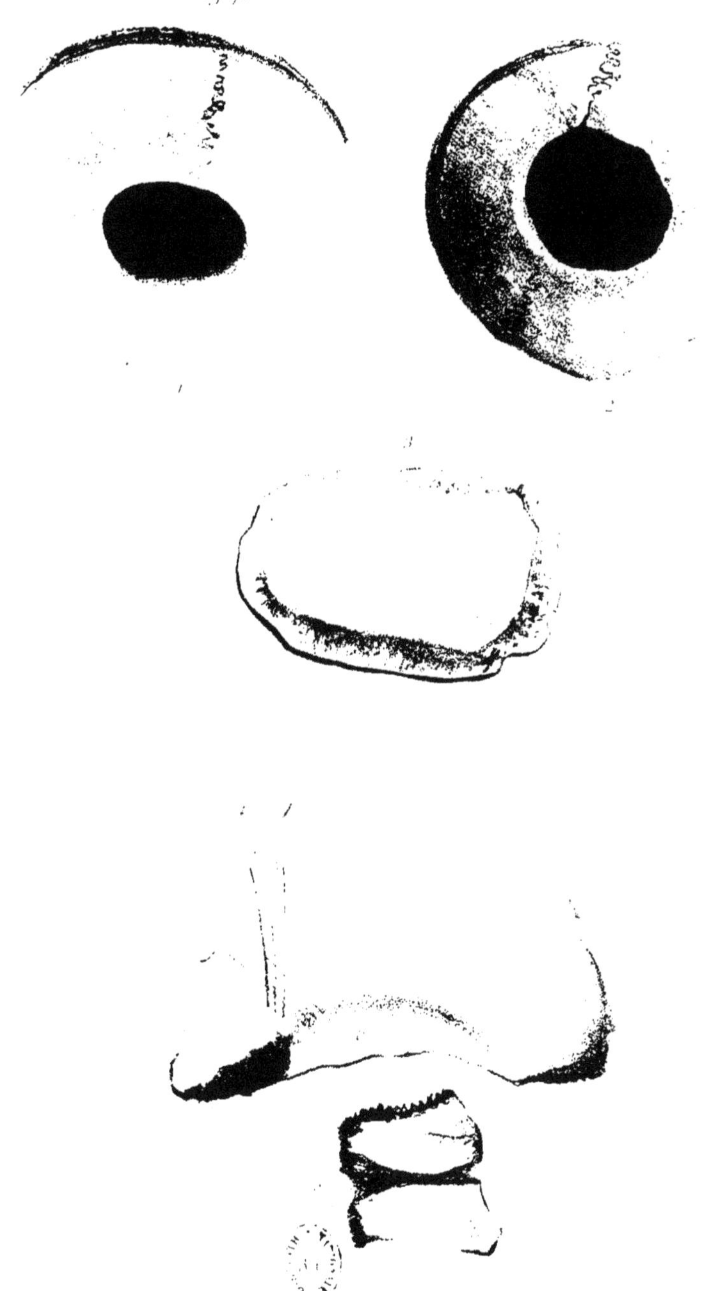